RAIZES DA
constelação

APROFUNDAMENTO E TÉCNICAS AVANÇADAS

VOLUME 2

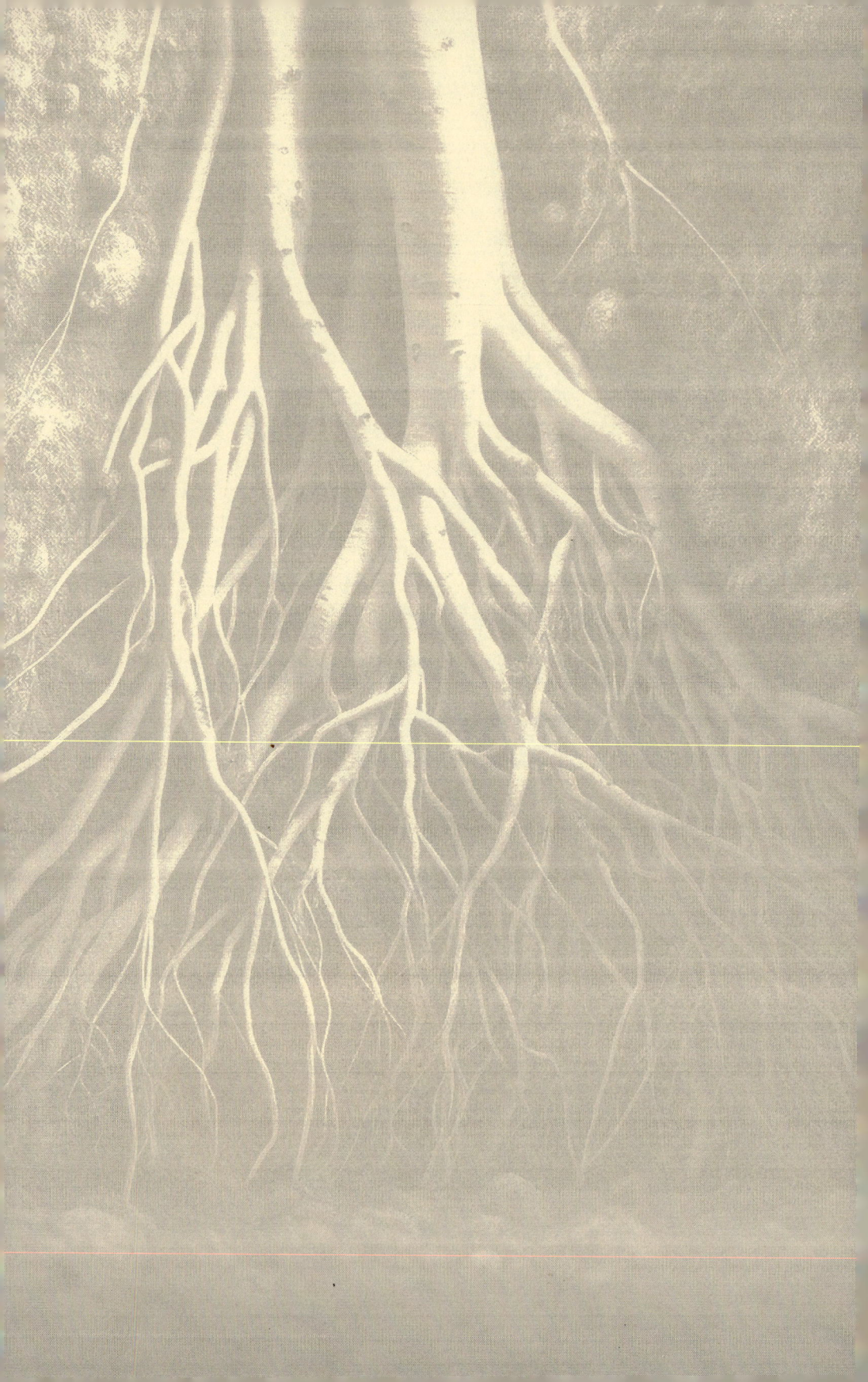

COORDENAÇÃO EDITORIAL
ANDRÉIA ROMA

AUTORA
JOSI MEDA

RAÍZES DA constelação

APROFUNDAMENTO E TÉCNICAS AVANÇADAS

VOLUME 2

CONSTELAÇÃO FAMILIAR
SÉRIE
SELO EDITORIAL

APRIMORANDO A ARTE DA TERAPIA
DA CONSTELAÇÃO FAMILIAR

EDITORA **LEADER**

Copyright © 2024 by Editora Leader
Todos od direitos da primeira edição são reservadas à Editora Leader

CEO e editora-chefe:	Andréia Roma
Revisão:	Editora Leader
Capa:	Editora Leader
Projeto gráfico e editoração:	Editora Leader
Suporte editorial:	Lais Assis
Livrarias e distribuidores:	Liliana Araújo
Artes e mídias:	Equipe Leader
Diretor financeiro:	Alessandro Roma

Dados Internacionais de Catalogação na Publicação (CIP)

M436r   Meda, Josi
1.ed.   Raízes da constelação: aprofundamento e técnicas avançadas: aprimoramento a arte da terapia da constelação familiar/Josi Meda ; coordenação Andréia Roma. – 1.ed. – São Paulo: Editora Leader, 2024.
320 p.; 17 x 24 cm. – (Série constelação familiar)

ISBN: 978-85-5474-247-8

1. Constelação sistêmica familiar. 2. Terapia sistêmica (Terapia familiar). I. Roma, Andréia. II. Título. III. Série.

11-2024/33   CDD 158.1

Índices para catálogo sistemático:
1. Constelações familiares: Psicologia   158.1

Bibliotecária responsável: Aline Graziele Benitez CRB-1/3129

2024

Editora Leader Ltda.
Rua João Aires, 149
Jardim Bandeirantes – São Paulo – SP

Contatos:
Tel.: (11) 95967-9456
contato@editoraleader.com.br | www.editoraleader.com.br

NOTA DA EDITORA

É com imensa satisfação que apresentamos o aguardado livro "Raízes da Constelação: Aprofundamento e Técnicas Avançadas - Volume 2", da talentosa autora Josi Meda. Esta obra convida os leitores a uma jornada profunda pelo universo da terapia constelacional, oferecendo um mergulho ainda mais intenso nas práticas e técnicas que sustentam essa abordagem terapêutica transformadora. Com maestria, Josi Meda proporciona uma visão aprofundada e técnicas avançadas que elevam a prática dos terapeutas consteladores, consolidando suas habilidades e ampliando seu impacto.

Guiando os leitores através de um caminho de autoconhecimento e práticas refinadas, a autora compartilha sua vasta experiência e sabedoria com sensibilidade e precisão. "Raízes da Constelação" torna-se, assim, uma referência essencial para profissionais que desejam evoluir em sua prática, permitindo que se tornem não apenas mais competentes, mas também mais empáticos e eficazes em suas atuações.

Ao explorar dinâmicas complexas e propor técnicas inovadoras, Josi Meda contribui significativamente para o avanço do campo da constelação sistêmica, trazendo à tona uma obra que inspira, educa e transforma. Este segundo volume solidifica ainda mais o compromisso de oferecer conhecimento de excelência, reforçando a importância de compreender as raízes que moldam nosso ser e nossos relacionamentos.

Agradecemos a Josi Meda por mais uma vez compartilhar seu brilhantismo e dedicação com a comunidade de consteladores e leitores ávidos por crescer em suas jornadas.

Com gratidão,

Andréia Roma
CEO e idealizadora do selo editorial Constelação Familiar

APRESENTAÇÃO

Bem-vindo a "Aprofundamento e Técnicas Avançadas. Aprimorando a arte da terapia da constelação familiar – Volume 2". Este livro foi cuidadosamente elaborado para oferecer aos profissionais e interessados na prática das constelações sistêmicas familiares uma visão abrangente e detalhada das aplicações avançadas desta poderosa abordagem terapêutica.

As constelações sistêmicas têm-se mostrado uma ferramenta valiosa na resolução de conflitos internos e na compreensão profunda das dinâmicas familiares e relacionais. Com raízes firmemente plantadas nas teorias sistêmicas e fenomenológicas, esta prática nos permite acessar e transformar padrões ocultos que influenciam nossas vidas.

Nesta obra, você encontrará uma jornada de aprendizado que começa com a condução terapêutica avançada, na qual aprofundamos a integração das aprendizagens iniciais para proporcionar atendimentos mais assertivos. Exploramos técnicas de relaxamento e sua importância nos processos terapêuticos, fornecendo uma base sólida para um trabalho eficiente e compassivo.

Abordamos de forma detalhada como lidar habilmente com traumas familiares, promovendo a interrupção de ciclos dolorosos e a transformação de padrões que perpetuam o sofrimento. Através de aplicações avançadas das constelações em relacionamentos e saúde, você descobrirá como essas práticas podem ser adaptadas para diferentes contextos da vida, proporcionando *insights* valiosos e mudanças significativas.

A ética na prática das constelações sistêmicas é uma questão crucial e dedicamos um capítulo para discutir a navegação ética e responsável, além de explorar as últimas tendências e técnicas avançadas para o aprimoramento profissional.

A transgeracionalidade e a hereditariedade são temas centrais no entendimento das dinâmicas familiares. Este livro explora como os padrões transgeracionais e hereditários influenciam os sistemas familiares e oferece estratégias para trabalhar com essas questões nas constelações sistêmicas.

O genograma, como ferramenta de análise e intervenção, é detalhado com exemplos práticos, assim como a Pedagogia Sistêmica, que promove uma compreensão mais profunda dos padrões familiares e educacionais.

Finalizamos com uma exploração das tendências atuais e técnicas avançadas, ilustrando como essas inovações podem ser aplicadas para enriquecer o trabalho terapêutico.

Este livro é um convite para aprofundar seus conhecimentos e habilidades nas constelações sistêmicas, promovendo, além do crescimento profissional, também a transformação pessoal. Esperamos que cada capítulo ofereça novas perspectivas e ferramentas valiosas para o seu trabalho e desenvolvimento contínuo.

Agradecemos por embarcar nesta jornada conosco e desejamos que este livro seja uma fonte de inspiração e crescimento.

Boa leitura!

Josi Meda

PREFÁCIO

É com grande alegria e honra que escrevo o prefácio para este importante livro, "Aprofundamento e Técnicas Avançadas. Aprimorando a arte da terapia da constelação familiar – Volume 2". Ao longo dos anos, minha jornada como especialista em Eneagrama me levou a buscar métodos complementares que pudessem enriquecer e aprofundar ainda mais meu trabalho com a mandala. Foi assim que encontrei nas constelações sistêmicas uma ferramenta poderosa e transformadora.

A integração das constelações sistêmicas aos meus *workshops* trouxe uma nova dimensão ao entendimento das dinâmicas internas e interpessoais dos participantes. Através das constelações, pude observar padrões ocultos e influências transgeracionais que muitas vezes passavam despercebidos nos processos tradicionais do Eneagrama. Essa descoberta foi um divisor de águas, permitindo um trabalho mais completo e profundo.

Este livro é um verdadeiro tesouro para aqueles que desejam aprofundar seus conhecimentos e habilidades nas constelações sistêmicas. Ele oferece uma abordagem detalhada e prática, tratando desde a condução terapêutica avançada até a aplicação em diferentes contextos da vida, como relacionamentos e saúde.

Os capítulos dedicados à transgeracionalidade e hereditariedade são particularmente relevantes, pois nos ajudam a compreender as raízes de muitos dos nossos desafios atuais. A inclusão do genograma como ferramenta de análise e a Pedagogia Sistêmica acrescentam um valor inestimável, proporcionando *insights* e estratégias práticas para a transformação.

A ética na prática das constelações sistêmicas, discutida de maneira profunda neste livro, é um aspecto crucial que todos os profissionais devem considerar. Navegar de forma ética e responsável é fundamental para garantir a integridade e eficácia do trabalho terapêutico.

Além disso, Josi Meda nos presenteia com uma exploração das últimas tendências e técnicas avançadas, enriquecendo ainda mais o repertório dos profissionais que atuam nesta área. É um convite para continuarmos evoluindo e aprimorando nossas práticas, sempre em busca de oferecer o melhor atendimento possível.

Minha experiência pessoal com as constelações sistêmicas me mostrou que esta abordagem tem um poder transformador incrível. Ela nos permite acessar níveis profundos de consciência e cura, facilitando processos de mudança que impactam não apenas os indivíduos, mas também suas famílias e sistemas mais amplos.

Espero que este livro inspire e capacite cada leitor a explorar e aplicar as constelações sistêmicas com confiança e sensibilidade. Que ele seja uma fonte de sabedoria e crescimento, tanto profissional quanto pessoal.

Agradeço à minha esposa e autora deste livro, Josi Meda, por esta valiosa contribuição e desejo a todos uma leitura enriquecedora e transformadora.

Com gratidão,

Marco Meda

SUMÁRIO

Capítulo 1: Aprofundando na Condução Terapêutica, Transgeracionalidade e Hereditariedade 16

Transgeracionalidade 17

Compreendendo e Trabalhando com Transgeracionalidade e Hereditariedade 25

Hereditariedade 28

Integrando o conhecimento 34

    Revisitando conteúdos fundamentais 34

    Respiração Consciente: Guia Prático para Redução da Ansiedade e Promoção de Calma. 39

    Relaxamento Progressivo: Técnica para Promover Bem-Estar Físico e Mental 44

    Mindfulness: Práticas de Atenção Plena para Focar o Momento Presente 48

    Como aplicar? 52

    Dica Final 55

Capítulo 2: Lidando Habilmente com Traumas Familiares 56

Desenvolvimento de Técnicas Específicas para Lidar com Traumas Familiares 57

Identificação de Traumas Familiares 57

Passo a Passo para Identificar Traumas Familiares 57

Questionário sobre Traumas Familiares 60

Mecanismos de Defesa e Coping 64

    Coping Adaptativo (ou positivo) 64

    Coping Maladaptativo (ou negativo) 65

Conclusão 67

Repetição de doenças graves ou condições de saúde mental 67

    Identificação dos Padrões de Saúde 67

    Análise e Reflexão 68

    Intervenção e Cura 68

    Estratégias de Prevenção 69

Conclusão 70

Questionário para Identificação de Padrões de Repetição de
Doenças Graves ou Condições de Saúde Mental 70

Padrões de relacionamento conflituoso ou distante 73

    Identificação dos Padrões de Relacionamento 73

    Análise e Reflexão 74

    Intervenção e Cura 75

    Estratégias de Prevenção 76

Conclusão 76

Questionário para Identificação dos Padrões de Relacionamento 76

Eventos traumáticos que ocorrem em múltiplas gerações 79

    Identificação dos Eventos Traumáticos 79

    Análise e Reflexão 80

    Intervenção e Cura 80

    Estratégias de Prevenção 81

Conclusão 82

Questionário para Identificação dos Eventos Traumáticos 82

    Documentação e Reflexão: 85

Técnicas Avançadas de Constelação Familiar: – conduza
sessões de constelação familiar para trazer à luz as dinâmicas
ocultas e os traumas não resolvidos 86

    Condução de Sessões de Constelação Familiar: 86

    Exemplo 1: Exploração de Conflitos Familiares 86

    Exemplo 2: Resolução de Traumas Transgeracionais 87

    Exemplo 3: Melhora de Relacionamentos Familiares 88

Exemplos Práticos para Técnicas de Constelação Familiar: Condução
de Sessões de Constelação Familiar Focadas em Conflitos entre
Pais e Filhos 89

    Tema: Exploração e Resolução de Conflitos entre Pais e Filhos 89

    Resolução de Traumas Transgeracionais Relacionados à Parentalidade 91

    Melhora de Relacionamentos Familiares entre Pais e Filhos 92

Use representações e posicionamentos para ajudar os constelados
a visualizar e entender os vínculos e conflitos familiares. 93

    Exemplo 1: Visualização de Vínculos Familiares 93

    Exemplo 2: Identificação e Resolução de Conflitos 94

    Exemplo 3: Reconhecimento de Padrões de Comportamento 95

Exemplos Práticos para Técnicas de Constelação Familiar: Uso de
Representações e Posicionamentos 97

    Exemplo 1: Visualização de Vínculos Familiares 97

    Exemplo 2: Identificação e Resolução de Conflito 98

    Exemplo 3: Reconhecimento de Padrões de Comportamento 99

Terapia Narrativa 100

    Incentive os constelados a contarem suas histórias familiares,
    focando os eventos traumáticos e as emoções associadas. 100

Ajude-os a reescrever suas narrativas, enfatizando a resiliência
e as lições aprendidas. 101

Capítulo 3: Aplicações Avançadas das Constelações em Relacionamentos e Saúde 106

Seção 1: Constelações Familiares e Relacionamentos 107

Desvendando Padrões e Dinâmicas Ocultas 108

Descrição da Sessão de Constelação Familiar 110

Seção 2: Constelações Familiares e Saúde 112

    Origens Transgeracionais de Doenças: 113

Processo de Constelação para Saúde 113

Estudo de Caso de Questões de Saúde Crônica 115

    Descrição Detalhada da Sessão de Constelação Familiar: 115

Passo a Passo da Sessão de Constelação Familiar: 117

Capítulo 4: Navegação Ética e Responsável 122

1. Ética na Prática das Constelações Sistêmicas: 123

2. Exploração das Últimas Tendências e Técnicas Avançadas: 124

3. Casos de Estudo e Análises: 125

Reflexão sobre Responsabilidade Legal e Profissional 126

Aprofundamento no Consentimento Informado 126

Considerações Culturais na Prática das Constelações Sistêmicas......................127

Uso de Dados e Pesquisas para Aprimorar Práticas 127

Promovendo o Desenvolvimento Profissional Contínuo.......................................127

Código de Ética Profissional do Terapeuta Constelador Sistêmico 128

Capítulo 5: Os Setênios e a Constelação Familiar 132

1º Setênio (0 a 7 anos): Construção do Corpo Físico...142

2º Setênio (7 a 14 anos): Desenvolvimento Emocional e Imaginativo 142

3º Setênio (14 a 21 anos): Formação da Identidade e Corpo Astral....................143

4º Setênio (21 a 28 anos): Afirmação Social e Individualidade 144

5º Setênio (28 a 35 anos): Consolidação da Maturidade....................................144

6º Setênio (35 a 42 anos): Aprofundamento Interior 145

7º Setênio (42 a 49 anos): Expansão da Sabedoria..145

8º Setênio (49 a 56 anos): Conexão Espiritual...146

9º Setênio (56 a 63 anos e além): Legado e Transcendência..............................146

Conclusão: 147

Capítulo 6: Genograma, Pedagogia Sistêmica e Constelação Empresarial. 148

Elementos Principais de um Genograma..149

Usos do Genograma 150

Criando um Genograma 151

Passo a Passo para Montar um Genograma..152

    Genograma – Tabela 1 154

    Genograma – Tabela 2 156

    Genograma – Tabela 3 158

    Genograma – Tabela 4 160

Modelo de Genograma...162

    Aspectos Adicionais Importantes do Genograma 167

Pedagogia Sistêmica 169

    Princípios Fundamentais da Pedagogia Sistêmica 169

    Aplicações da Pedagogia Sistêmica 176

    Passo a Passo para o Desenvolvimento Profissional de Educadores Usando a Pedagogia Sistêmica..184

    Benefícios da Pedagogia Sistêmica 186

Constelação Empresarial 194

Constelação Workshop...216

Passo a Passo para Realizar um Workshop de Constelação 219

Principais Temas para Constelar 221

Questões Familiares e Pessoais 221

Questões Profissionais e Organizacionais.. 222

Questões Sociais e Comunitárias... 222

Desenvolvimento Pessoal e Espiritual 222

Educação e Desenvolvimento.. 223

Aspectos Financeiros e Legais... 223

Desenvolvimento de Capacidades e Talentos.. 223

Questões de Identidade e Autoimagem 224

Dinâmicas de Poder e Controle 224

Enfrentando Grandes Mudanças de Vida 224

Relações Intergeracionais e Ancestrais 224

Integração de Perdas e Traumas 225

Implementação Prática 225

Interpretação de posicionamento de campo 225

Interpretação das Posições dos Representantes 226

Imagem para interpretar os movimentos das três sessões anteriores 227

Tabela de consulta rápida das principais posições no campo 236

Representante Central 236

Representantes de Pais... 236

Representantes de Parceiros ou Cônjuges 236

Representantes de Filhos 237

Representantes de Ex-parceiros ou Figuras Passadas 237

Representantes de Aspectos Emocionais ou Traços.................................... 237

Representantes de Influências Externas.. 237

Representantes de Conceitos Abstratos ou Valores 237

Representantes de Ancestrais ou Gerações Passadas 238

Representante Isolado 238

Representante de Obstáculos ou Desafios 238

Representante de Recursos ou Apoios 238

Representantes de Metas ou Aspirações 239

Representante de Saúde ou Bem-estar 239

Representantes de Herança Cultural ou Social 239

Representante de Secretos ou Assuntos Não Resolvidos 239

Representante de Conflitos Internos 240

Representante de Transições de Vida 240

Representante de Impactos Externos 240

Representante de Reconciliação ou Cura 240

Representante de Decisões Importantes 241

Representante de Passado e Futuro 241

Representante de Influências Espirituais ou Filosóficas 241

Representante de Segurança e Estabilidade 241

Representante de Relações Profissionais 242

Representante de Crises ou Ponto de Virada 242

Representante de Carga Emocional 242

Representante de Saída ou Fuga 242

Representante de Comunicação e Expressão 243

Representante de Acolhimento e Inclusão 243

Representante de Mudança ou Transformação 243

Representante de Alienação ou Desconexão 243

Representante de Conflito Interno 244

Representante de Legado ou Herança 244

Representante de Desafios Externos..244

Representante de Recursos Ocultos..244

Representante de Novas Oportunidades...244

Representante de Repressão ou Supressão...245

Representante de Equilíbrio e Harmonia..245

Representante de Introspecção ou Reflexão.......................................245

Representante de Autonomia Pessoal..245

Representante de Barreiras Invisíveis..245

Representante de Apoio Comunitário..246

Representante de Culpabilidade ou Responsabilidade....................246

Representante de Dualidade ou Dilema..246

Representante de Transparência ou Revelação.................................246

Representante de Sobrecarga Emocional...246

Representante de Proteção ou Defesa...247

Representante de Isolamento Voluntário..247

Representante de Fusão ou Integração...247

Representante de Negação ou Invisibilidade....................................247

Representante de Raízes ou Origens...247

Representante de Esperança ou Aspiração Futura..........................248

Representante de Peso Histórico ou Legado.....................................248

Representante de Liberação ou Catarse..248

Representante de Renovação ou Novo Começo..............................248

Representante de Limite ou Fronteira..248

Representante de Convergência ou Síntese......................................249

Representante de Exposição ou Clareza...249

Representante de Recuo ou Retração..249

Capítulo 7: Tendências e Técnicas Avançadas 250

- Terapia Integrativa 251
- Realidade Virtual (VR) na Terapia 254
- Terapias Baseadas em Genética 256
- Biofeedback e Neurofeedback 259
- Psicodrama 262

Estudos de Caso 267

Constelações *Workshop* avançadas 274

    1. Constelação de Ancestrais 274

    2. Constelação de Sonhos 279

    3. Constelação de Casos Difíceis 283

    4. Constelação de Partes Opostas 287

    5. Constelação com Foco Corporal 292

    6. Constelação de Relacionamentos 296

    7. Constelação Futura 300

Agradecimentos 304

CAPÍTULO 1:

APROFUNDANDO NA CONDUÇÃO TERAPÊUTICA, TRANSGERACIONALIDADE E HEREDITARIEDADE

Transgeracionalidade

Transgeracionalidade é um conceito utilizado principalmente na Psicologia e nas terapias familiares sistêmicas para descrever como traumas, padrões de comportamento, crenças e questões emocionais são transmitidos de uma geração para outra dentro de uma família. Este conceito ajuda a entender que muitos dos problemas ou comportamentos individuais podem ter suas raízes em experiências não resolvidas ou repetitivas que ocorreram nas gerações anteriores.

A transgeracionalidade é um conceito rico e multifacetado com implicações profundas para a compreensão e tratamento de questões individuais e familiares.

Aqui estão mais detalhes e aplicações deste conceito que ampliam a sua relevância e aplicabilidade em contextos terapêuticos:

Ampliando a Perspectiva Histórica

- **História Familiar:** A transgeracionalidade encoraja uma exploração da história familiar que pode revelar eventos significativos e padrões que moldaram a família ao longo das gerações. Isso inclui migrações, guerras, perdas significativas, segredos familiares ou grandes sucessos e fracassos, que podem ter um impacto duradouro no comportamento e na psique dos descendentes.

Aspectos Culturais e Sociais

- **Influência Cultural:** Padrões transgeracionais também são influenciados por contextos culturais e sociais. Normas culturais, traumas coletivos, como guerras ou desastres naturais, e mudanças sociais impactam as dinâmicas familiares e individuais ao longo de gerações.

- **Resiliência e Adaptação:** Em algumas culturas, a resiliência e as estratégias de adaptação desenvolvidas em resposta a adversidades são passadas através das gerações, oferecendo recursos valiosos que ajudam os indivíduos a lidar com desafios atuais.

Implicações Clínicas

- **Identificação de Padrões:** Os terapeutas usam o conceito de transgeracionalidade para ajudar os constelados a identificar e entender padrões de comportamento que são recorrentes em suas famílias. Isso pode ser crucial para a modificação de comportamentos disfuncionais e para o desenvolvimento de estratégias mais saudáveis de enfrentamento e interação.

- **Intervenção Terapêutica:** Com esse entendimento, intervenções podem ser mais direcionadas e profundas, possibilitando que os indivíduos trabalhem não apenas seus próprios problemas, mas também resolvam questões não tratadas de seus antepassados, trazendo cura e compreensão para toda a família.

Educação e Prevenção

- **Educação de Constelados:** Profissionais podem educar os indivíduos e famílias sobre como as experiências de gerações anteriores podem afetar suas vidas atuais, aumentando a conscientização e promovendo uma abordagem mais proativa para enfrentar esses legados.

- **Prevenção:** Com o conhecimento dos padrões transgeracionais, estratégias podem ser desenvolvidas para prevenir a repetição de traumas e comportamentos disfuncionais nas futuras gerações, como por meio de educação parental e intervenções comunitárias.

Espiritualidade e Metafísica

- **Dimensões Espirituais:** Em algumas abordagens, como nas constelações familiares, a transgeracionalidade também é vista sob uma perspectiva espiritual ou metafísica, na qual as "almas" dos antepassados podem influenciar as gerações presentes, e rituais ou atos simbólicos são usados para honrar e resolver essas influências.

O conceito de transgeracionalidade abre portas para um entendimento mais compreensivo da natureza humana e das relações familiares, oferecendo *insights* valiosos que vão além do indivíduo, alcançando as raízes mais profundas de muitos comportamentos e emoções.

Princípios-chave da Transgeracionalidade:

- **Repetição de Padrões:** Comportamentos, crenças e emoções podem ser repetidos ao longo de várias gerações. Por exemplo, um padrão de abandono ou abuso pode persistir em uma família, afetando inconscientemente as decisões e relacionamentos dos descendentes.

- **Traumas Não Resolvidos:** Traumas ou eventos significativos vivenciados pelos antepassados podem deixar uma "impressão" emocional que influencia as gerações seguintes. Isso pode incluir guerras, migrações forçadas, perdas grandes e outros eventos traumáticos.

- **Lealdades Familiares Invisíveis:** Membros da família podem, sem saber, assumir comportamentos ou destinos como uma forma de lealdade ou identificação com seus antepassados. Isso é frequentemente explorado em terapias que utilizam constelações familiares para revelar e resolver essas dinâmicas ocultas.

- **Ciclos de Comportamento:** A transgeracionalidade também pode ser vista em ciclos de saúde mental, como depressão ou ansiedade, que parecem ser mais prevalentes em algumas famílias devido à combinação de fatores genéticos e ambientais.

Aplicações Terapêuticas:

Na terapia, entender a transgeracionalidade pode permitir uma abordagem mais holística e profunda. Terapeutas podem trabalhar com indivíduos para identificar e alterar padrões transgeracionais negativos, ajudando-os a quebrar ciclos de comportamento e promover a cura não apenas para o indivíduo, mas potencialmente para toda a família. Isso é frequentemente realizado através de técnicas como a constelação familiar, que visualiza e trabalha com essas dinâmicas familiares.

Compreender a transgeracionalidade ajuda a colocar os problemas pessoais em um contexto mais amplo, oferecendo *insights* valiosos sobre as origens e possíveis soluções para questões emocionais e comportamentais.

A transgeracionalidade é fundamental para os profissionais de constelação familiar e todas as terapias sistêmicas, porque oferece uma perspectiva profunda sobre como os problemas individuais estão enraizados e influenciados por dinâmicas familiares multigeracionais. Essa compreensão amplia significativamente a eficácia da intervenção terapêutica, possibilitando abordagens que consideram não apenas o indivíduo, mas todo o sistema familiar.

Aqui estão alguns pontos que destacam a importância da transgeracionalidade nesses contextos

1. Revela Dinâmicas Ocultas

- **Insight Profundo:** Compreender a transgeracionalidade permite aos terapeutas identificar a origem de comportamentos, emoções e padrões que transcendem a vida imediata do indivíduo, muitas vezes revelando raízes em experiências de antepassados.

- **Resolução de Traumas:** Facilita o processo de identificar e resolver traumas familiares antigos que podem estar afetando as gerações atuais de maneiras sutis ou explícitas.

2. Quebra de Ciclos Repetitivos

- **Mudança de Padrões:** Ao entender como certos padrões são transmitidos transgeracionalmente, os terapeutas podem ajudar os indivíduos a quebrar ciclos negativos, como abuso, negligência ou doenças mentais, promovendo uma mudança positiva duradoura.

- **Prevenção:** A identificação e interrupção desses padrões não apenas ajudam o indivíduo em terapia, como também têm o potencial de prevenir a perpetuação desses problemas nas futuras gerações.

3. Promove a Cura e o Crescimento Pessoal

- **Empoderamento dos Constelados:** Com a consciência transgeracional, os constelados ganham uma nova perspectiva sobre suas questões, entendendo que muitos dos seus desafios podem não ser falhas pessoais, mas sim expressões de conflitos não resolvidos dentro da família.

- **Resolução Integrada:** Isso possibilita uma abordagem mais compreensiva e integrada para a resolução de problemas, em que a cura é vista como um processo que beneficia tanto o indivíduo quanto o sistema familiar mais amplo.

4. Fomenta Conexões e Pertencimento

- **Reconstrução de Laços:** Ao explorar histórias familiares e padrões transgeracionais, os indivíduos podem sentir-se mais conectados aos seus antepassados, compreendendo melhor seu lugar e papel dentro da família.

- **Cura Relacional:** Aumenta a empatia e a compreensão entre membros da família, mesmo que estes não estejam diretamente envolvidos na terapia, ao esclarecer as origens das dinâmicas familiares.

5. Aprimora Intervenções Terapêuticas

- **Abordagem Sistêmica:** A transgeracionalidade é uma peça chave no modelo sistêmico de terapia, que não vê os problemas em isolamento, mas como parte de uma teia interconectada de relações e histórias.

- **Desenvolvimento de Estratégias:** Permite que terapeutas desenvolvam estratégias mais eficazes, personalizadas para as necessidades específicas do sistema familiar, em vez de abordagens genéricas.

Em suma, a transgeracionalidade é uma lente através da qual os terapeutas sistêmicos e de constelação familiar podem visualizar e tratar não apenas o indivíduo, mas também seu contexto familiar mais amplo, facilitando uma compreensão mais profunda e intervenções mais holísticas e efetivas.

Integrando aprendizados da primeira etapa para oferecer atendimentos mais assertivos

A transgeracionalidade é um elemento central nas constelações familiares e pode ser explorada de várias maneiras práticas por um Terapeuta Constelador Sistêmico durante os atendimentos.

Aqui estão alguns exemplos práticos de como essa abordagem pode ser aplicada

1. Mapeamento do Genograma Familiar

Prática: Antes de uma sessão de constelação, o terapeuta pode solicitar que o constelado crie um genograma detalhado, que é um mapa visual da árvore genealógica da família. Este mapa inclui os membros da família e também traumas importantes, mortes, doenças significativas, segredos e padrões recorrentes.

Objetivo: O genograma ajuda a visualizar padrões transgeracionais e identificar temas ou problemas que possam estar influenciando o constelado, facilitando uma abordagem mais direcionada durante a constelação.

2. Constelação de Ancestrais

Prática: Durante a sessão de constelação, o terapeuta pode configurar uma constelação específica para explorar a influência dos ancestrais. Isso envolve posicionar representantes para avós ou bisavós, além dos pais e do próprio constelado.

Objetivo: Investigar como as relações e eventos das gerações passadas afetam o presente do constelados, permitindo o reconhecimento e a resolução de dinâmicas e traumas antigos.

3. Exploração de Traumas Históricos

Prática: Utilizar a sessão para explorar como eventos históricos maiores (guerras, migrações, crises econômicas) afetaram a família do constelado. O terapeuta pode ajudar o constelado a configurar representações desses eventos dentro da constelação.

Objetivo: Entender como esses eventos moldaram as dinâmicas familiares e como continuam a influenciar comportamentos, crenças e emoções do constelado.

4. Trabalho com Padrões de Doença

Prática: Se houver padrões de doenças físicas ou psicológicas recorrentes na família, o terapeuta pode ajudar o constelado a explorar esses padrões através da constelação. Isso pode envolver a representação dessas condições como entidades ou influências dentro da constelação familiar.

Objetivo: Descobrir possíveis raízes emocionais ou psicológicas de doenças e trabalhar no sentido de interromper esses padrões, promovendo a cura em níveis mais profundos.

5. Reconciliação e Cura

Prática: O terapeuta pode facilitar processos onde o constelado e outros membros da família trabalham para reconhecer, honrar e, se necessário, reconciliar-se com os fardos e traumas de suas linhagens.

Objetivo: Promover a cura não apenas no constelado individual, mas também no sistema familiar mais amplo, liberando os membros da família de repetirem padrões dolorosos.

6. Integração de Recursos

Prática: Identificar e integrar recursos que tenham sido úteis para as gerações passadas, como resiliência, fé, força ou sabedoria. O terapeuta pode guiar o constelado a 'conversar' com representantes dos ancestrais para descobrir esses recursos.

Objetivo: Fortalecer o constelado ao conectá-lo com as forças de seus antepassados, dando-lhe ferramentas emocionais e espirituais para enfrentar seus próprios desafios.

Utilizando a transgeracionalidade, o Terapeuta Constelador Sistêmico pode fornecer intervenções mais profundas e significativas, que reconhecem a complexidade da experiência humana e honram as histórias que moldam nossas vidas, levando a uma compreensão e cura mais completas.

Estratégias para trabalhar com questões de transgeracionalidade e hereditariedade nas constelações sistêmicas

Este capítulo explora a importância dos padrões transgeracionais e da hereditariedade nos sistemas familiares e fornece estratégias para trabalhar com essas questões em constelações sistêmicas. A compreensão desses aspectos é fundamental para abordar as influências profundas que moldam comportamentos, crenças e saúde em gerações de famílias.

Compreendendo e Trabalhando com Transgeracionalidade e Hereditariedade

Passo 1: Compreender a Base da Transgeracionalidade e Hereditariedade

Teoria e Conceitos Fundamentais:

- **Defina transgeracionalidade:** Explore traumas, padrões de comportamento e traços emocionais são transmitidos de uma geração para outra.

- **Discuta hereditariedade:** Explique como características genéticas e condições de saúde são passadas através das gerações e como isso pode influenciar a saúde física e mental dos descendentes.

Identificar Padrões Transgeracionais:

- Use genogramas para visualizar relações e padrões ao longo das gerações.

- Identifique e anote padrões recorrentes de comportamento, saúde e relacionamentos.

Passo 2: Preparação para Trabalhar com Questões Transgeracionais

Coleta de Informações:

- Realize entrevistas detalhadas com membros da família para coletar histórias e perceber padrões.
- Peça aos constelados para refletir sobre as histórias familiares que possam estar influenciando suas vidas atuais.

Educação do Constelado:

- Ensine aos constelados sobre a importância dos efeitos transgeracionais e hereditários.
- Explique como essas influências podem afetar suas decisões, saúde e comportamentos.

Passo 3: Configuração da Constelação Sistêmica

Planejamento da Sessão:

- Decida quais membros da família ou símbolos representar na constelação para abordar questões transgeracionais.
- Prepare o espaço e os representantes com uma clara intenção de explorar essas dinâmicas.

Condução da Constelação:

- Posicione os representantes de acordo com as relações familiares e deixe que interajam conforme a dinâmica sistêmica revela.
- Observe e guie a constelação, permitindo que os padrões ocultos e as lealdades invisíveis surjam.

Passo 4: Intervenções nas Constelações

Técnicas de Intervenção:

- Use declarações de resolução que permitam aos participantes expressar reconhecimento, aceitação ou reconciliação de padrões antigos.

- Promova movimentos físicos ou simbólicos que ajudem a "liberar" os padrões herdados ou a reconciliar as relações transgeracionais.

Promoção de Novos Entendimentos:

- Encorage os constelados a adotar novas perspectivas ou comportamentos que rompam com padrões prejudiciais.

- Facilite a discussão sobre como os *insights* da constelação podem ser integrados na vida diária dos constelados.

Passo 5: Avaliação e *Follow-up*

Revisão dos Resultados:

- Avalie o impacto da constelação nos dias e semanas seguintes à sessão.

- Verifique se surgem novos padrões ou se há uma mudança nos padrões existentes.

Sessões de *Follow-up*:

- Planeje sessões de acompanhamento para reforçar as novas percepções e ajustar quaisquer desafios emergentes.

- Continue o diálogo sobre como os padrões transgeracionais estão sendo transformados e adaptados.

Este capítulo fornece um guia detalhado para terapeutas que desejam explorar profundamente as questões de transgeracionalidade e hereditariedade em suas práticas, garantindo uma abordagem ética e eficaz que pode trazer cura e compreensão para gerações de famílias.

Hereditariedade

Hereditariedade é o processo biológico pelo qual características são transmitidas de pais para filhos através dos genes. Esses genes são carregados nos cromossomos, que são estruturas localizadas dentro das células do corpo. A hereditariedade é uma parte fundamental da genética e desempenha um papel crucial em como os traços físicos, como cor dos olhos, tipo de cabelo, e até certas predisposições para doenças, são passados de uma geração para a outra.

Principais Aspectos da Hereditariedade

Transmissão de Genes:

Os genes, que são segmentos de DNA, contêm instruções específicas que determinam as características do organismo. Cada gene em um par pode ser dominante ou recessivo, influenciando como os traços são expressos no indivíduo.

Variação Genética:

A reprodução sexual contribui para a variação genética através da recombinação de DNA durante a formação de gametas (espermatozoides e óvulos). Isso resulta em uma combinação única de genes que contribui para a diversidade dentro de uma espécie.

Expressão Gênica:

A expressão dos genes é influenciada não apenas pela sequência de DNA, mas também por fatores ambientais e epigenéticos. A epigenética estuda como as expressões dos genes podem ser alteradas sem mudar a sequência de DNA, e como essas alterações podem ser passadas para as próximas gerações.

Doenças Hereditárias:

Algumas doenças ou condições são hereditárias, o que significa que podem ser passadas de pais para filhos através de genes mutados ou defeituosos. Exemplos incluem a fibrose cística, a hemofilia, e certas formas de câncer.

Aconselhamento Genético:

Com o avanço das tecnologias de genética, tornou-se possível identificar predisposições genéticas para diversas condições médicas. Isso permite intervenções preventivas e aconselhamento genético para famílias que podem estar em risco de transmitir certas condições hereditárias.

Implicações da Hereditariedade

A hereditariedade tem implicações importantes em muitos aspectos da vida e da sociedade, incluindo medicina, biotecnologia, ética e direito. No campo médico, entender a hereditariedade pode ajudar no desenvolvimento de tratamentos personalizados e estratégias preventivas que são adaptadas ao perfil genético de um indivíduo. Na sociedade, questões éticas surgem em relação à engenharia genética, testes genéticos e privacidade genética, desafiando os limites de como usamos e compartilhamos informações genéticas.

A hereditariedade é um aspecto fascinante da Biologia que não só molda as características físicas dos indivíduos, mas também tem implicações profundas para a saúde, a adaptação ao ambiente e a evolução das espécies.

Aqui estão mais detalhes e considerações sobre o processo de hereditariedade e suas implicações

Mecanismos da Hereditariedade

Leis de Mendel:

Gregor Mendel, através de seus experimentos com ervilhas, descobriu os princípios básicos da hereditariedade, incluindo a segregação de genes e a independência dos alelos. Suas descobertas formaram a base para o que agora entendemos como genética Mendeliana.

DNA e Cromossomos:

O DNA, presente nos cromossomos, carrega informações genéticas em unidades chamadas genes. Cada cromossomo é composto por DNA e proteínas, e os humanos normalmente têm 23 pares de cromossomos, totalizando 46 em cada célula.

Mutação Genética:

As mutações são alterações na sequência do DNA que podem ocorrer devido a erros durante a cópia do DNA ou devido a danos causados por fatores ambientais. Algumas mutações podem resultar em novos traços ou em susceptibilidade a doenças.

Implicações Evolutivas

Variabilidade Genética:

A hereditariedade é crucial para a evolução, pois é o mecanismo pelo qual as variantes genéticas são passadas adiante. A variabilidade genética é essencial para a adaptação das espécies a ambientes em mudança e para a evolução de novas espécies.

Seleção Natural:

Na seleção natural, os traços hereditários que aumentam a probabilidade de sobrevivência e reprodução tendem a ser mais comuns nas gerações subsequentes. A hereditariedade é fundamental para esse processo, pois assegura que os traços vantajosos sejam transmitidos.

Aplicações Práticas

Medicina Genômica:

A compreensão da hereditariedade permite aos médicos prever, diagnosticar e tratar doenças com base em padrões genéticos familiares. A medicina personalizada utiliza essa informação para adaptar tratamentos aos perfis genéticos individuais.

Aconselhamento Genético:

Famílias que têm histórico de certas condições genéticas podem se beneficiar do aconselhamento genético para entender os riscos de transmissão dessas condições para os descendentes e discutir as opções de gestão ou prevenção.

Biotecnologia e Engenharia Genética:

A capacidade de manipular genes e entender os mecanismos de hereditariedade tem impulsionado avanços na agricultura, como o desenvolvimento de culturas resistentes a doenças ou a secas, e em terapias médicas, incluindo a terapia gênica.

Considerações Éticas

Privacidade e Discriminação Genética:

Com o aumento da capacidade de sequenciar e modificar genes, surgem preocupações éticas sobre privacidade genética e o potencial para discriminação com base em predisposições genéticas.

Edição Genética:

Tecnologias como CRISPR trazem promessas de curar doenças genéticas, mas também levantam questões éticas sobre alterações genéticas em humanos, especialmente mudanças que podem ser hereditárias e afetar futuras gerações.

A hereditariedade não só define traços individuais, mas também conecta gerações, molda populações e influencia praticamente todos os aspectos da biologia e da sociedade.

A hereditariedade pode ser uma ferramenta valiosa para um Terapeuta Constelador Sistêmico ao abordar questões familiares complexas e profundas.

Aqui estão alguns exemplos práticos de como esse conceito pode ser integrado nos atendimentos:

1. Explorar Padrões de Saúde Hereditários

Prática: Identificar padrões de doenças físicas ou mentais que se repetem em várias gerações da família. O terapeuta pode configurar uma constelação que inclua representantes para essas condições, além dos membros da família, para explorar como as predisposições genéticas impactam a família ao longo das gerações.

Objetivo: Entender a influência de questões hereditárias na dinâmica familiar atual e facilitar uma discussão sobre estratégias de prevenção e manejo dessas condições.

2. Reconhecimento de Traços e Talentos Herdados

Prática: Durante uma sessão, o terapeuta pode ajudar o constelado a reconhecer traços de personalidade ou talentos que possam ter sido herdados de antepassados e como esses influenciam suas vidas. Isso pode ser feito através da representação de ancestrais que possuíam esses mesmos traços ou habilidades.

Objetivo: Valorizar os aspectos positivos da hereditariedade, promovendo a autoaceitação e a apreciação das próprias capacidades e características.

3. Desvendar Lealdades Familiares Inconscientes

Prática: Usar a constelação para explorar se o constelados está inconscientemente "carregando" doenças, comportamentos ou traumas como uma forma de lealdade a um ancestral. Por exemplo, um constelados pode estar inconscientemente imitando o comportamento autodestrutivo de um avô.

Objetivo: Ajudar o constelados a entender e, se necessário, desvincular-se de padrões hereditários disfuncionais, liberando-o para viver uma vida mais plena e saudável.

4. Abordagem de Medos e Fobias

Prática: Investigar se existem medos ou fobias que possam ter raízes genéticas ou que foram transmitidos através de comportamentos aprendidos nas gerações anteriores. A constelação pode incluir a representação desses medos e de pessoas que também os manifestaram.

Objetivo: Trabalhar para entender a origem desses medos e buscar maneiras de superá-los, proporcionando alívio e maior liberdade emocional ao consteladas.

5. Reconciliação com a História Familiar

Prática: Facilitar um processo de reconciliação com as histórias e as origens familiares, especialmente se houver histórias de migração, perda ou outros eventos significativos que moldaram a identidade familiar ao longo das gerações.

Objetivo: Ajudar o consteladas a encontrar paz com sua herança, integrando a história familiar de maneira saudável em sua própria vida.

6. Educação e Prevenção

Prática: Educar os consteladas sobre como questões hereditárias podem impactar suas vidas e discutir maneiras de monitorar e gerenciar esses riscos, especialmente em termos de saúde.

Objetivo: Empoderar o consteladas com conhecimento e estratégias para lidar proativamente com potenciais questões hereditárias, melhorando assim sua qualidade de vida e de suas futuras gerações.

Ao integrar a compreensão da hereditariedade nos atendimentos, o Terapeuta Constelador Sistêmico pode oferecer uma abordagem mais completa e matizada, ajudando os consteladas a entenderem e navegarem as complexidades de suas histórias familiares e influências genéticas.

Integrando o conhecimento

Vamos agora explorar como integrar os conhecimentos adquiridos na primeira etapa do seu treinamento em constelações sistêmicas, visando aprimorar a condução dos processos terapêuticos. O objetivo é transformar os aprendizados iniciais em habilidades práticas e assertivas, que permitam uma abordagem mais eficaz e personalizada para cada constelados.

A integração de conhecimentos envolve a compreensão profunda das dinâmicas sistêmicas, a capacidade de identificar padrões ocultos e a habilidade de conduzir sessões com segurança e clareza. Ao revisitar conceitos fundamentais e aplicar técnicas avançadas, você será capaz de oferecer atendimentos que não apenas abordam os sintomas, mas também atingem as raízes dos problemas apresentados.

Revisitando conteúdos fundamentais

Livro "Raízes 1", oferecendo detalhes mais específicos para uma compreensão mais rica dos conceitos apresentados:

Fundamentos da Constelação Familiar

As Constelações Familiares, desenvolvidas por Bert Hellinger, são uma abordagem terapêutica que visa descobrir as forças subterrâneas que influenciam os padrões familiares. Através de representações vivas, em que outras pessoas agem como membros da família do constelados, esta técnica revela a dinâmica oculta, muitas vezes pautada em amor, lealdade e pertencimento, que sustenta sofrimentos e conflitos familiares. Este método é particularmente eficaz para tratar questões que parecem recorrentes e inexplicáveis, proporcionando resoluções que respeitam o sistema familiar como um todo.

História Rápida de Bert Hellinger

Bert Hellinger, o fundador das Constelações Familiares, era originalmente um padre missionário que, ao longo dos anos, se dedicou ao estudo de várias abordagens psicoterapêuticas, incluindo a psicanálise, terapia primal e análise transacional. Através de suas extensas viagens e observações de diferentes culturas, especialmente na África do Sul, Hellinger desenvolveu *insights* sobre as "ordens do amor" que governam os sistemas familiares e mais tarde formariam a base de seu trabalho em Constelações Familiares.

As 3 Leis do Amor

- **Pertencimento:** Cada membro de uma família, independentemente de suas ações ou destino, tem um lugar que não pode ser negado. Este princípio sublinha a inclusão como uma força que mantém a integridade do sistema familiar.

- **Hierarquia:** A ordem de nascimento e geração determina a posição de cada membro dentro da família. Respeitar essa ordem é crucial para a harmonia do sistema, pois reconhece a precedência dos membros.

- **Equilíbrio:** A justiça entre o dar e receber deve ser mantida para o relacionamento saudável. Desequilíbrios prolongados podem levar a ressentimentos e conflitos.

As 5 Ordens da Ajuda

- **Recursos Limitados:** Ajudar de maneira que respeite os limites do que o ajudante pode oferecer e o que o receptor pode aceitar de forma saudável.

- **Foco na Vida:** A ajuda deve sempre visar o crescimento e a sobrevivência dos envolvidos, nunca a dependência ou sacrifício inútil.

- **Posição de Autoridade:** O ajudante deve manter uma posição de maturidade e responsabilidade, sem se diminuir ou exceder.

- **Conexão Humana:** Reconhecer que ninguém é uma ilha, e a ajuda efetiva muitas vezes requer uma rede de suporte.

- **Unificação:** Ajudar deve buscar reconciliar e unir elementos desassociados ou conflitantes dentro do sistema.

Leis do Sucesso

- **Crenças Herdadas:** Explorar como as atitudes familiares em relação ao dinheiro e sucesso são transmitidas e como elas podem facilitar ou bloquear o progresso pessoal.

- **Impacto do Passado:** Investigar como as experiências financeiras das gerações passadas afetam a mentalidade atual sobre riqueza e sucesso.

- **Mentalidades Contrastantes:** Contrastar a mentalidade de escassez, que vê recursos como limitados, com uma de abundância, que vê possibilidades e oportunidades ilimitadas.

- **Dinheiro e Valor Pessoal:** Examinar como a quantidade de dinheiro é frequentemente ligada de maneira equivocada ao valor pessoal e sucesso na vida.

- **Dinâmicas Familiares:** Discutir como o dinheiro influencia as relações familiares, podendo unir ou dividir membros da família.

Emaranhamentos e Lealdades Invisíveis

Este conceito lida com a ideia de que indivíduos podem estar inconscientemente enredados em padrões familiares antigos, muitas vezes adotando doenças, falhas ou destinos como uma forma de pertencimento ou lealdade aos seus ancestrais. Desembaraçar esses nós pode liberar o indivíduo para viver uma vida mais plena e autêntica.

Esses fundamentos e conceitos são a base sobre a qual o Terapeuta Constelador Sistêmico opera, fornecendo um caminho para uma intervenção profunda e transformadora que respeita a complexidade do ser humano e sua imersão em um campo familiar e ancestral vasto.

Desenvolvimento de técnicas de relaxamento para potencializar os processos terapêuticos com constelação sistêmica familiar

Para efetivamente integrar técnicas de relaxamento ao aprofundamento dos processos terapêuticos em constelações sistêmicas familiares, é possível estabelecer uma conexão direta entre os fundamentos da constelação familiar e práticas que promovam o relaxamento e a tranquilidade. Isso pode ajudar a criar um ambiente mais propício para a exploração emocional e facilitar o acesso a memórias e padrões transgeracionais.

Aqui estão algumas maneiras práticas de fazer essa conexão:

1. Preparação para a Constelação

Antes de iniciar uma sessão de constelação, técnicas de relaxamento podem ser usadas para preparar tanto o constelados quanto os representantes para o trabalho emocional profundo que será realizado. Isso pode incluir:

- **Meditação Guiada:** Uma breve meditação focada na respiração ou visualização guiada pode ajudar todos os participantes a centrarem-se, acalmarem a mente e se conectarem com o espaço emocional necessário para a constelação.

- **Exercícios de Respiração:** Técnicas de respiração profunda podem ser utilizadas para reduzir a ansiedade e o estresse, permitindo que os participantes se sintam mais presentes e menos reativos às dinâmicas emocionais intensas que podem surgir durante a sessão.

2. Durante a Constelação

Durante a constelação, o uso de técnicas de relaxamento pode ajudar a manter um ambiente calmo e suportivo, essencial para lidar com revelações emocionais e conexões profundas.

- **Visualizações Durante a Constelação:** Incorporar momentos de visualização para ajudar os representantes a se conectarem com os personagens que estão representando, ou para ajudar o constelados a visualizar soluções e reconciliações.

- ***Mindfulness* em Tempo Real:** Encorajar uma prática de *mindfulness* durante a sessão, ajudando os participantes a observarem suas reações sem julgamento e a permanecerem ancorados no presente, o que pode facilitar processos de mudança e aceitação.

3. Integrando Fundamentos da Constelação

As técnicas de relaxamento podem ser especificamente alinhadas com os fundamentos das constelações familiares para maximizar sua eficácia:

- **Respeito pelas Leis do Amor (Pertencimento, Hierarquia, Equilíbrio):** Usar técnicas de relaxamento para ajudar os participantes a se sentirem seguros e respeitados dentro do espaço terapêutico, reforçando sua conexão com o sistema familiar.

- **Desemaranhando Lealdades Invisíveis:** Utilizar o relaxamento para ajudar os constelados a se distanciarem emocionalmente de padrões familiares disfuncionais, permitindo-lhes ver essas dinâmicas de uma nova perspectiva, menos carregada emocionalmente.

4. Finalização da Sessão

Após uma sessão intensa, técnicas de relaxamento podem ser cruciais para ajudar o constelados e os representantes a se desligarem das emoções e energias intensas.

- Técnicas de Aterramento: Práticas como caminhar descalço, visualizações de aterramento ou até mesmo exercícios físicos leves podem ajudar todos a se realinharem com o presente e a deixarem para trás as energias das constelações.

- Discussão Calma e Reflexiva: Encerrar a sessão com uma discussão tranquila e reflexiva sobre as experiências e *insights*, usando técnicas de relaxamento para manter um espaço seguro e suportivo.

Essas práticas não apenas potencializam os processos terapêuticos nas constelações sistêmicas familiares, mas também protegem a integridade emocional e física de todos os envolvidos, garantindo que o trabalho profundo realizado possa ser assimilado de maneira saudável e construtiva.

Neste capítulo, apresentaremos diversas técnicas de relaxamento

Respiração Consciente: Guia Prático para Redução da Ansiedade e Promoção de Calma.

A respiração consciente é uma técnica simples, mas poderosa, para reduzir a ansiedade e promover um estado de calma. Este exercício pode ser facilmente integrado às sessões terapêuticas de constelações sistêmicas, ajudando os constelados a se sentirem mais relaxados e receptivos. Aqui está um passo a passo detalhado para guiar o constelados através de exercícios de respiração profunda e controlada.

Passo 1: Preparação do Ambiente

- **Escolha um local tranquilo:** Certifique-se de que o ambiente seja calmo e livre de distrações. Uma iluminação suave e música tranquila de fundo podem ajudar a criar uma atmosfera relaxante.
- **Posicionamento confortável:** Peça ao constelados para sentar-se ou deitar-se em uma posição confortável. A coluna deve estar ereta, mas relaxada, permitindo uma respiração livre e profunda.

Passo 2: Instruções Iniciais

- **Introdução ao exercício:** Explique ao constelados que farão um exercício de respiração consciente para ajudar a reduzir a ansiedade e promover um estado de calma. Reforce que "a respiração é uma ferramenta poderosa para regular o sistema nervoso".

- **Foco na respiração:** Instrua o constelados a fechar os olhos (se se sentir confortável) e a levar a atenção para a respiração. Peça que observe a respiração sem tentar mudá-la, apenas notando o ritmo natural.

Passo 3: Técnica de Respiração Consciente

- **Respiração profunda:** Peça ao constelados para inspirar lenta e profundamente pelo nariz, contando mentalmente até quatro. A respiração deve ser profunda, enchendo os pulmões e expandindo o diafragma.

- **Pausa:** Instrua o constelados a segurar a respiração por um breve momento, contando até quatro.

- **Expiração controlada:** Peça ao constelados para expirar lentamente pela boca, contando novamente até quatro. A expiração deve ser suave e completa, liberando todo o ar dos pulmões.

- **Repetição:** Oriente o constelados a repetir o ciclo de respiração (inspirar, pausar, expirar) por cinco a dez minutos, ou pelo tempo necessário até que ele se sinta mais calmo e relaxado.

Passo 4: Aprofundamento da Prática

- **Respiração com visualização:** Para aprofundar a prática, peça ao constelados que visualize o ar entrando no corpo como uma luz calmante e saindo como uma cor mais escura, levando embora o estresse e a tensão.

- **Afirmações positivas:** Durante a expiração, sugira ao constelados que repita mentalmente uma frase calmante, como "Estou em paz" ou "Estou seguro".

Passo 5: Conclusão do Exercício

- **Retorno ao presente:** Após o tempo designado, peça ao constelados para retornar gradualmente a atenção ao ambiente ao redor. Sugira que ele mova suavemente os dedos das mãos e dos pés, e abra os olhos devagar.

- **Reflexão sobre a experiência:** Pergunte ao constelados como se sente após o exercício. Incentive-o a compartilhar suas sensações e a refletir sobre como a respiração consciente afetou seu estado emocional e físico.

Dicas Adicionais

- **Prática regular:** Incentive o constelados a praticar a respiração consciente diariamente, mesmo que por poucos minutos. A prática regular pode ajudar a manter a calma e a reduzir a ansiedade ao longo do tempo.

- **Adaptabilidade:** Lembre o constelados que ele pode adaptar o exercício às suas necessidades, ajustando a contagem das respirações ou incorporando outros elementos relaxantes.

Conclusão

A respiração consciente é uma técnica acessível e eficaz para reduzir a ansiedade e promover a calma. Integrar essa prática às sessões terapêuticas de constelação familiar pode ajudar os constelados a se sentirem mais centrados e receptivos, facilitando um trabalho terapêutico mais profundo e eficaz. Ao guiar o constelados através deste exercício, você fornecerá uma ferramenta valiosa para o bem-estar emocional e físico, tanto durante as sessões quanto na vida cotidiana.

Visualização Guiada: Utilizando Imagens Positivas e Tranquilizantes para Promover Segurança e Centralidade

A visualização guiada é uma técnica eficaz para ajudar os constelados a se sentirem mais seguros, centrados e tranquilos. Ao criar imagens mentais positivas, os constelados podem acessar estados de calma e bem-estar, facilitando o trabalho terapêutico. Aqui está um passo a passo detalhado para guiar o constelados através de um exercício de visualização guiada.

Passo 1: Preparação do Ambiente

- **Escolha um local tranquilo:** Certifique-se de que o ambiente seja calmo e livre de distrações. Uma iluminação suave e música tranquila de fundo podem ajudar a criar uma atmosfera relaxante.

- **Posicionamento confortável:** Peça ao constelados para sentar-se ou deitar-se em uma posição confortável. A coluna deve estar ereta, mas relaxada, permitindo uma respiração livre e profunda.

Passo 2: Instruções Iniciais

- **Introdução ao exercício:** Explique ao constelados que fará um exercício de visualização guiada para promover sentimentos de segurança e centralidade. Destaque que a visualização é uma técnica poderosa para acalmar a mente e o corpo.

- **Foco na respiração:** Instrua o constelados a fechar os olhos (se se sentir confortável) e a levar a atenção para a respiração. Peça que observe a respiração sem tentar mudá-la, apenas notando o ritmo natural.

Passo 3: Técnica de Visualização Guiada

- **Cenário inicial:** Peça ao constelados para imaginar um lugar onde ele se sinta completamente seguro e em paz. Pode ser um lugar real, como uma praia tranquila, uma floresta serena, ou um lugar imaginário em que ele se sinta protegido.

- **Detalhamento do cenário:** Incentive o constelados a adicionar detalhes ao cenário. Peça que ele observe as cores, as texturas, os sons e os cheiros desse lugar. Quanto mais detalhada a visualização, mais eficaz será o exercício.

- **Interação com o ambiente:** Sugira ao constelados que explore o ambiente com todos os sentidos. Pode ser caminhar descalço na areia, sentir a brisa suave no rosto, ouvir o som das ondas ou do canto dos pássaros. A interação ativa ajuda a aprofundar a experiência.

- **Incorporação de sentimentos:** Oriente o constelados a perceber como ele se sente nesse lugar seguro. Pode ser uma sensação de calma, felicidade, segurança ou amor. Incentive-o a permitir que esses sentimentos se espalhem por todo o corpo.

Passo 4: Aprofundamento da Prática

- **Ancoragem emocional:** Peça ao constelados para identificar um objeto ou elemento do cenário que ele possa usar como âncora emocional. Pode ser uma pedra especial, uma flor, ou qualquer coisa que simbolize segurança e calma. Instrua-o a lembrar-se deste objeto sempre que precisar retornar a este estado de paz.

- **Afirmações positivas:** Durante a visualização, sugira ao constelados que repita mentalmente frases positivas, como "Estou em paz", "Estou seguro", ou "Estou centrado".

Passo 5: Conclusão do Exercício

- **Retorno ao presente:** Após o tempo designado, peça ao constelados para retornar gradualmente a atenção ao ambiente ao redor. Sugira que ele mova suavemente os dedos das mãos e dos pés, e abra os olhos devagar.

- **Reflexão sobre a experiência:** Pergunte ao constelados

como se sente após o exercício. Incentive-o a compartilhar suas sensações e a refletir sobre como a visualização guiada afetou seu estado emocional e físico.

Dicas Adicionais

- **Prática regular:** Incentive o consteladas a praticar a visualização guiada regularmente, mesmo que por poucos minutos. A prática regular pode ajudar a manter a calma e a segurança emocional ao longo do tempo.

- **Adaptabilidade:** Lembre o consteladas de que ele pode adaptar a visualização às suas necessidades, ajustando os detalhes do cenário ou incorporando outros elementos tranquilizantes.

Conclusão

A visualização guiada é uma técnica acessível e eficaz para promover sentimentos de segurança e centralidade. Integrar essa prática às sessões terapêuticas pode ajudar os consteladas a se sentirem mais centrados e receptivos, facilitando um trabalho terapêutico mais profundo e eficaz. Ao guiar o consteladas através deste exercício, você estará fornecendo uma ferramenta valiosa para o bem-estar emocional e físico, tanto durante as sessões quanto na vida cotidiana.

Relaxamento Progressivo: Técnica para Promover Bem-Estar Físico e Mental

O relaxamento progressivo é uma técnica eficaz para ajudar os consteladas a relaxarem gradualmente diferentes grupos musculares, promovendo uma sensação de bem-estar físico e mental. Este exercício pode ser facilmente integrado às sessões terapêuticas, ajudando os consteladas a se sentirem mais relaxados e tranquilos. Aqui está um passo a passo detalhado para guiar o consteladas através do relaxamento progressivo.

Passo 1: Preparação do Ambiente

- **Escolha um local tranquilo:** Certifique-se de que o ambiente seja calmo e livre de distrações. Uma iluminação suave e música tranquila de fundo podem ajudar a criar uma atmosfera relaxante.

- **Posicionamento confortável:** Peça ao constelados para sentar-se ou deitar-se em uma posição confortável. A coluna deve estar ereta, mas relaxada, permitindo uma respiração livre e profunda.

Passo 2: Instruções Iniciais

- **Introdução ao exercício:** Explique ao constelados que faremos um exercício de relaxamento progressivo para promover o relaxamento muscular e a sensação de bem-estar. Destaque que esta técnica é eficaz para aliviar a tensão e reduzir a ansiedade.

- **Foco na respiração:** Instrua o constelados a fechar os olhos (se se sentir confortável) e a levar a atenção para a respiração. Peça que observe a respiração sem tentar mudá-la, apenas notando o ritmo natural.

Passo 3: Técnica de Relaxamento Progressivo

Relaxamento dos pés e pernas:

Peça ao constelados para concentrar-se nos pés. Instrua-o a apertar os músculos dos pés, segurando a tensão por alguns segundos.

Em seguida, peça para liberar a tensão e sentir os músculos relaxarem completamente.

Repita o processo com os músculos das panturrilhas e depois com os das coxas, sempre apertando, segurando e depois relaxando.

Relaxamento do abdômen e tórax:

Oriente o constelados a concentrar-se nos músculos do abdômen. Peça para apertar esses músculos, segurando a tensão por alguns segundos.

Em seguida, instrua o consteladoss a liberar a tensão e sentir os músculos relaxarem completamente.

Repita o processo com os músculos do tórax, sempre apertando, segurando e depois relaxando.

Relaxamento dos braços e mãos:

Peça ao consteladoss para concentrar-se nas mãos. Instrua-o a apertar os músculos das mãos, segurando a tensão por alguns segundos.

Em seguida, peça para liberar a tensão e sentir os músculos relaxarem completamente.

Repita o processo com os músculos dos braços, começando pelos antebraços e depois os bíceps, sempre apertando, segurando e depois relaxando.

Relaxamento do pescoço e ombros:

Oriente o consteladoss a concentrar-se nos músculos do pescoço. Peça para apertar esses músculos, segurando a tensão por alguns segundos.

Em seguida, instrua o consteladoss a liberar a tensão e sentir os músculos relaxarem completamente.

Repita o processo com os músculos dos ombros, sempre apertando, segurando e depois relaxando.

Relaxamento do rosto:

Peça ao consteladoss para concentrar-se nos músculos do rosto. Instrua-o a apertar os músculos da testa, segurando a tensão por alguns segundos.

Em seguida, peça para liberar a tensão e sentir os músculos relaxarem completamente.

Repita o processo com os músculos ao redor dos olhos, da boca e da mandíbula, sempre apertando, segurando e depois relaxando.

Passo 4: Aprofundamento da Prática

- **Exploração de sensações:** Após o relaxamento de cada grupo muscular, peça ao constelados que preste atenção às sensações de relaxamento e bem-estar que se espalham pelo corpo.

- **Respiração profunda:** Instrua o constelados a respirar profundamente entre a tensão e o relaxamento de cada grupo muscular, permitindo que a respiração ajude a aprofundar o estado de relaxamento.

Passo 5: Conclusão do Exercício

- **Retorno ao presente:** Após o relaxamento de todos os grupos musculares, peça ao constelados para retornar gradualmente a atenção ao ambiente ao redor. Sugira que ele mova suavemente os dedos das mãos e dos pés, e abra os olhos devagar.

- **Reflexão sobre a experiência:** Pergunte ao constelados como se sente após o exercício. Incentive-o a compartilhar suas sensações e a refletir sobre como o relaxamento progressivo afetou seu estado emocional e físico.

Dicas Adicionais

- **Prática regular:** Incentive o constelados a praticar o relaxamento progressivo diariamente, mesmo que por poucos minutos. A prática regular pode ajudar a manter o relaxamento e reduzir a tensão ao longo do tempo.

- **Adaptabilidade:** Lembre o constelados de que ele pode adaptar o exercício às suas necessidades, ajustando a duração e a intensidade da tensão e do relaxamento de cada grupo muscular.

Conclusão

O relaxamento progressivo é uma técnica acessível e eficaz para promover o relaxamento muscular e o bem-estar físico e mental. Integrar essa prática às sessões terapêuticas pode ajudar os constelados a se sentirem mais centrados e tranquilos, facilitando um trabalho terapêutico mais profundo e eficaz. Ao guiar o constelados através deste exercício, você estará fornecendo uma ferramenta valiosa para o bem-estar emocional e físico, tanto durante as sessões quanto na vida cotidiana.

Mindfulness: Práticas de Atenção Plena para Focar o Momento Presente

A prática do *mindfulness*, ou atenção plena, é uma técnica poderosa para ajudar os constelados a focar o momento presente, aumentando sua percepção e receptividade durante a sessão terapêutica. Integrar *mindfulness* às sessões de constelações sistêmicas familiares pode promover um estado de presença consciente e calma, facilitando um trabalho terapêutico mais profundo. Aqui está um passo a passo detalhado para guiar o constelados através de práticas de *mindfulness*.

Passo 1: Preparação do Ambiente

- **Escolha um local tranquilo:** Certifique-se de que o ambiente seja calmo e livre de distrações. Uma iluminação suave e música tranquila de fundo podem ajudar a criar uma atmosfera relaxante.

- **Posicionamento confortável:** Peça ao constelados para sentar-se ou deitar-se em uma posição confortável. A coluna deve estar ereta, mas relaxada, permitindo uma respiração livre e profunda.

Passo 2: Instruções Iniciais

- **Introdução ao exercício:** Explique ao constelados que faremos um exercício de *mindfulness* para ajudá-lo a focar o momento presente. Destaque que a prática da atenção plena é uma ferramenta eficaz para aumentar a percepção e a receptividade.

- **Foco na respiração:** Instrua o constelados a fechar os olhos (se se sentir confortável) e a levar a atenção para a respiração. Peça que observe a respiração sem tentar mudá-la, apenas notando o ritmo natural.

Passo 3: Técnica de *Mindfulness*

Observação da respiração:

Peça ao constelados para concentrar-se na respiração. Instrua-o a sentir o ar entrando e saindo pelo nariz, observando a sensação do ar nas narinas, a expansão do peito e do abdômen na inspiração, e o relaxamento na expiração.

Se a mente do constelados começar a divagar, peça que gentilmente traga a atenção de volta para a respiração, sem julgamento.

Escaneamento corporal:

Oriente o constelados a realizar um escaneamento corporal, começando pelos pés e subindo lentamente até a cabeça. Peça que ele observe qualquer tensão ou desconforto, e que respire nessas áreas, permitindo que relaxem.

Instrua o constelados a notar qualquer sensação no corpo, sem tentar mudar nada, apenas observando com curiosidade e aceitação.

Atenção aos sentidos:

Sugira ao constelados que traga a atenção para os sentidos. Podem ser os sons ao redor, o contato do corpo com a cadeira ou o chão, o cheiro do ambiente, ou qualquer outra sensação presente.

Peça que ele observe essas sensações sem julgamento, apenas notando o que está acontecendo no momento presente.

Observação dos pensamentos e emoções:

Oriente o constelados a observar os pensamentos e emoções que surgem, sem se apegar a eles. Peça que ele veja os pensamentos e emoções como nuvens passando no céu, notando sua presença e deixando-os ir.

Reforce a ideia de que não há necessidade de analisar ou julgar os pensamentos e emoções, apenas observá-los e permitir que passem.

Passo 4: Aprofundamento da Prática

- **Foco na presença:** Incentive o constelados a focar na presença, a sentir-se plenamente presente no momento, sem se preocupar com o passado ou o futuro.

- **Afirmações de atenção plena:** Sugira ao constelados que repita mentalmente afirmações de atenção plena, como "Estou aqui, agora" ou "Estou presente e consciente".

Passo 5: Conclusão do Exercício

- **Retorno ao presente:** Após o tempo designado, peça ao constelados para retornar gradualmente a atenção ao ambiente ao redor. Sugira que ele mova suavemente os dedos das mãos e dos pés, e abra os olhos devagar.

- **Reflexão sobre a experiência:** Pergunte ao constelados como se sente após o exercício. Incentive-o a compartilhar suas sensações e a refletir sobre como a prática de *mindfulness* afetou seu estado emocional e físico.

Dicas Adicionais

- **Prática regular:** Incentive o constelados a praticar *mindfulness* diariamente, mesmo que por poucos minutos. A prática regular pode ajudar a manter a presença e a percepção ao longo do tempo.

- **Adaptabilidade:** Lembre o constelados de que ele pode adaptar o exercício às suas necessidades, ajustando a duração e o foco da prática de *mindfulness*.

Conclusão

A prática de *mindfulness* é uma técnica acessível e eficaz para promover a atenção plena e o foco no momento presente. Integrar essa prática às sessões terapêuticas pode ajudar os constelados a se sentirem mais centrados e receptivos, facilitando um trabalho terapêutico mais profundo e eficaz. Ao guiar o constelados através deste exercício, você estará fornecendo uma ferramenta valiosa para o bem-estar emocional e físico, tanto durante as sessões quanto na vida cotidiana.

Essas técnicas não apenas facilitam o trabalho terapêutico com as constelações, mas também empoderam o constelados, fornecendo-lhe ferramentas para gerenciar o estresse e a ansiedade fora das sessões.

Estratégias para integração e aplicação prática

Para garantir que você possa integrar e aplicar esses conhecimentos de forma eficaz, oferecemos algumas estratégias práticas:

- **Revisão e Reflexão:** Reserve tempo para revisar os conceitos e técnicas aprendidos na primeira etapa que estão no caderno de exercícios da coleção Raízes. Reflita sobre como esses elementos se manifestaram em suas sessões anteriores e identifique áreas para melhoria.

- **Prática Regular:** Incorpore as técnicas de relaxamento em suas práticas diárias. Quanto mais familiarizado você estiver com essas técnicas, mais natural será integrá-las às suas sessões de constelações.

- *Feedback* **e Supervisão:** Busque *feedback* de colegas e supervisores sobre sua condução terapêutica. A supervisão regular pode proporcionar *insights* valiosos e ajudar a refinar suas habilidades.

- **Autocuidado:** Lembre-se de que seu próprio estado emocional e mental impacta diretamente suas sessões. Pratique o autocuidado e utilize técnicas de relaxamento para manter-se centrado e equilibrado.

Ao aprofundar sua condução terapêutica e integrar técnicas de relaxamento, você estará mais bem preparado para oferecer atendimentos assertivos e eficazes. Este capítulo serve como um guia para transformar seus conhecimentos teóricos em práticas terapêuticas que promovam a cura e o crescimento de seus constelados.

Como aplicar?

Respiração Consciente

1. Sente-se ou deite-se em uma posição confortável, com a coluna ereta, mas relaxada.
2. Feche os olhos.
3. Inspire profundamente pelo nariz, contando mentalmente até quatro.
4. Segure a respiração por um breve momento, contando até dois.
5. Expire lentamente pela boca, contando até seis.
6. Repita esse ciclo de respiração por alguns minutos.
7. Se a mente começar a divagar, gentilmente traga a atenção de volta para a respiração, sem julgamento.
8. Após alguns minutos, retorne gradualmente a atenção ao ambiente ao redor.
9. Mova suavemente os dedos das mãos e dos pés.
10. Abra os olhos devagar.

Visualização Guiada

1. Sente-se ou deite-se em uma posição confortável, com a coluna ereta, mas relaxada.
2. Feche os olhos.
3. Inspire profundamente pelo nariz e expire lentamente pela boca algumas vezes.
4. Imagine-se em um lugar seguro e tranquilo, como uma praia, uma floresta ou um jardim.
5. Visualize os detalhes desse lugar: as cores, os sons, os cheiros e as sensações.
6. Sinta-se completamente seguro e relaxado nesse ambiente.
7. Permaneça nessa visualização por alguns minutos, aproveitando a sensação de paz e segurança.
8. Se a mente começar a divagar, gentilmente traga a atenção de volta à visualização.
9. Após alguns minutos, retorne gradualmente a atenção ao ambiente ao redor.
10. Mova suavemente os dedos das mãos e dos pés.
11. Abra os olhos devagar.

Relaxamento Progressivo

1. Sente-se ou deite-se em uma posição confortável, com a coluna ereta mas relaxada.
2. Feche os olhos.
3. Inspire profundamente pelo nariz e expire lentamente pela boca algumas vezes.
4. Concentre-se nos pés. Aperte os músculos dos pés, segurando a tensão por alguns segundos.

5. Libere a tensão e sinta os músculos relaxarem completamente.
6. Repita o processo com os músculos das panturrilhas, coxas, abdômen, tórax, mãos, antebraços, bíceps, pescoço, ombros e rosto.
7. Entre cada grupo muscular, respire profundamente e permita que a respiração ajude a aprofundar o estado de relaxamento.
8. Após relaxar todos os grupos musculares, permaneça em estado de relaxamento por alguns minutos.
9. Retorne gradualmente a atenção ao ambiente ao redor.
10. Mova suavemente os dedos das mãos e dos pés.
11. Abra os olhos devagar.

Mindfulness

1. Sente-se ou deite-se em uma posição confortável, com a coluna ereta, mas relaxada.
2. Feche os olhos.
3. Leve a atenção para a respiração, observando o ritmo natural.
4. Realize um escaneamento corporal, começando pelos pés e subindo lentamente até a cabeça.
5. Observe qualquer tensão ou desconforto, respirando nessas áreas e permitindo que relaxem.
6. Traga a atenção para os sentidos: sons, contato do corpo com a cadeira ou o chão, cheiros do ambiente, ou qualquer outra sensação presente.
7. Observe os pensamentos e emoções que surgem, sem se apegar a eles.
8. Veja os pensamentos e emoções como nuvens passando no céu, notando sua presença e deixando-os ir.

9. Permaneça em estado de atenção plena por alguns minutos.

10. Retorne gradualmente a atenção ao ambiente ao redor.

11. Mova suavemente os dedos das mãos e dos pés.

12. Abra os olhos devagar.

Dica Final

Para potencializar os benefícios das técnicas de relaxamento e *mindfulness* abordadas neste capítulo, é importante praticá-las regularmente e adaptá-las às necessidades individuais de cada constelados. Incentive os constelados a incorporar esses exercícios em suas rotinas diárias, mesmo que por apenas alguns minutos, para promover um estado contínuo de bem-estar e equilíbrio emocional. Lembre-se de criar um ambiente seguro e acolhedor durante as sessões, no qual os constelados possam explorar essas práticas sem pressões ou julgamentos. Ao cultivar uma prática consistente, os constelados poderão experimentar uma melhora significativa em sua saúde mental e emocional, facilitando um processo terapêutico mais eficaz e profundo.

CAPÍTULO 2:

LIDANDO HABILMENTE COM TRAUMAS FAMILIARES

Desenvolvimento de Técnicas Específicas para Lidar com Traumas Familiares

Lidar com traumas familiares requer uma abordagem sensível e informada, que leve em consideração as complexidades e as emoções intensas envolvidas. Neste capítulo, vamos explorar várias técnicas específicas que podem ser utilizadas para identificar, abordar e curar traumas familiares.

Identificação de Traumas Familiares

- Utilize ferramentas como entrevistas detalhadas, questionários e genogramas para mapear a história familiar e identificar possíveis traumas.

- Preste atenção aos padrões repetitivos e aos eventos traumáticos que possam ter impacto nas gerações atuais.

Passo a Passo para Identificar Traumas Familiares

A identificação de traumas familiares é um processo crucial para entender as dinâmicas que influenciam o bem-estar emocional e psicológico dos indivíduos. Siga este passo a passo para mapear a história familiar e identificar possíveis traumas:

Preparação do Ambiente:

Escolha um local tranquilo e seguro para conduzir as entrevistas e sessões. Certifique-se de que o constelados se sinta confortável e à vontade para compartilhar informações pessoais.

Entrevistas Detalhadas:

Inicie com uma conversa aberta para construir confiança. Explique ao constelados a importância de explorar a história familiar para entender os traumas atuais.

Faça perguntas abertas sobre a história familiar, incluindo eventos significativos, relacionamentos entre membros da família e mudanças importantes na vida destes.

Pergunte sobre eventos traumáticos conhecidos, como perdas, abusos, doenças graves, e conflitos familiares.

Lista de Perguntas Abertas para Exploração da História Familiar

Início da Conversa: Construindo Confiança

- "Você poderia me contar um pouco sobre sua família e como ela é composta?"
- "Como você se sente ao falar sobre sua história familiar?"
- "O que você gostaria que eu soubesse sobre sua família antes de começarmos?"

História Familiar: Eventos Significativos, Relacionamentos e Mudanças Importantes

- "Quais são algumas das lembranças mais marcantes que você tem da sua infância?"
- "Como era a dinâmica familiar quando você estava crescendo?"

- "Pode me contar sobre algum evento significativo que tenha impactado sua família?"
- "Como você descreveria os relacionamentos entre os membros da sua família?"
- "Houve mudanças importantes na sua vida ou na vida da sua família? Como você lidou com essas mudanças?"
- "Quais são algumas das tradições ou hábitos familiares que são importantes para você?"
- "Como sua família costuma lidar com conflitos ou desentendimentos?"

Eventos Traumáticos: Perdas, Abusos, Doenças Graves e Conflitos Familiares

- "Você poderia compartilhar alguma perda significativa que sua família tenha enfrentado?"
- "Houve algum momento em que você ou um membro da sua família passaram por uma situação de abuso ou negligência?"
- "Sua família já enfrentou doenças graves ou condições de saúde mental que impactaram todos? Como vocês lidaram com isso?"
- "Pode falar sobre algum conflito familiar que tenha sido particularmente difícil de resolver?"
- "Existem eventos traumáticos específicos que você sente que ainda afetam sua família hoje em dia?"
- "Como você percebe que esses eventos traumáticos influenciam seus relacionamentos e comportamento atualmente?"
- "O que você acha que poderia ajudar a sua família a lidar melhor com os traumas passados?"

Conclusão e Reflexão

- "Como você se sente depois de compartilhar essas histórias e eventos?"

- "Há algo mais sobre sua família ou sua história que você gostaria de explorar?"

- "Como você acha que podemos trabalhar juntos para abordar os traumas familiares que discutimos?"

Estas perguntas abertas são projetadas para incentivar o constelados a compartilhar informações detalhadas e significativas sobre sua história familiar. Lembre-se de manter um ambiente acolhedor e seguro durante a conversa, mostrando empatia e compreensão em todos os momentos.

Uso de Questionários:

Forneça ao constelados questionários estruturados que abordem a história familiar e eventos traumáticos. Esses questionários podem incluir perguntas sobre:

- Eventos de perda (mortes, divórcios)
- Experiências de abuso ou negligência
- Mudanças significativas (mudança de casa, de país)
- Padrões de relacionamento (conflitos, alianças, afastamentos)
- Revise as respostas com o constelados para identificar padrões e eventos repetitivos.

Questionário sobre Traumas Familiares

Instruções

Este questionário tem como objetivo explorar a história familiar do constelados, identificando eventos de perda, experiências de abuso ou negligência, mudanças significativas e padrões de relacionamento. As respostas ajudarão a identificar padrões e eventos repetitivos que possam estar influenciando a vida atual do constelados.

Por favor, responda às perguntas com a maior honestidade e detalhamento possível.

Parte 1: Eventos de Perda (Mortes, Divórcios)

Mortes na Família:

1. Você já perdeu algum membro da família próximo? Quem foi e como você se sentiu?

2. Como a sua família lidou com essa perda?

3. Houve algum impacto duradouro dessa perda na dinâmica familiar?

Divórcios na Família:

1. Seus pais ou outros membros da família passaram por um divórcio? Quem foi e como você se sentiu?

2. Como o divórcio afetou a estrutura familiar e os relacionamentos?

3. Você acha que essa experiência influenciou sua visão sobre relacionamentos?

Parte 2: Experiências de Abuso ou Negligência

Abuso na Família:

1. Você ou algum membro da sua família já experimentou abuso (físico, emocional, sexual)? Quem foi e como você se sentiu?

2. Como essa experiência foi tratada dentro da família?

3. Você percebe algum impacto contínuo desse abuso em sua vida atual?

Negligência na Família:

1. Houve situações em que você ou alguém da sua família se sentiu negligenciado? Quem foi e como você se sentiu?

2. Como a negligência afetou o bem-estar emocional e físico da pessoa?

3. Essa experiência de negligência deixou alguma marca duradoura em você ou na sua família?

Parte 3: Mudanças Significativas (Mudança de Casa, de País)

Mudança de Residência:

1. Você mudou de casa durante a infância ou adolescência? Como foi essa experiência?

2. Como a mudança afetou sua vida social e escolar?

3. Houve algum impacto emocional significativo por causa da mudança?

Mudança de País:

1. Você ou sua família já se mudaram para outro país? Como foi essa experiência?

2. Quais foram os maiores desafios que você enfrentou com essa mudança?

3. Essa mudança afetou sua identidade cultural ou senso de pertencimento?

Parte 4: Padrões de Relacionamento (Conflitos, Alianças, Afastamentos)

Conflitos na Família:

1. Como os conflitos são geralmente resolvidos na sua família?

2. Você percebe algum padrão específico de conflito entre membros da família?

3. Existe algum conflito não resolvido que ainda causa tensão?

Alianças na Família:

1. Existem alianças ou subgrupos dentro da família? Quem são os membros envolvidos?

2. Essas alianças influenciam a dinâmica familiar de alguma forma?

3. Como você se sente em relação a essas alianças?

Afastamentos na Família:

1. Há membros da família que se afastaram ou foram afastados? Quem são e por quê?

2. Como o afastamento afetou a família como um todo?

3. Você sente que esse afastamento tem um impacto em sua vida atual?

Parte 5: Reflexão e Revisão

Identificação de Padrões:

1. Revise suas respostas anteriores. Você percebe algum padrão repetitivo nos eventos de perda, abusos, mudanças ou relacionamentos?

2. Como você acha que esses padrões influenciam sua vida atual?

Impacto e Reflexão:

1. Quais dessas experiências você acha que tiveram o maior impacto em sua vida?

2. O que você gostaria de trabalhar ou explorar mais detalhadamente em sessões futuras?

Conclusão

1. Como você se sente após completar este questionário?

2. Há algo mais sobre sua história familiar que você gostaria de compartilhar?

Observação:

Revise as respostas com o constelados para identificar padrões e eventos repetitivos. Use essas informações como base para desenvolver um plano terapêutico personalizado, focado na cura e no bem-estar do constelados.

Mecanismos de Defesa e Coping

- o **Comportamentos de Defesa:** Identifique comportamentos de defesa desenvolvidos para lidar com o abuso, como retraimento, agressividade ou comportamentos autodestrutivos.

- o **Estratégias de Coping:** Explore as estratégias de *coping* que o constelados desenvolveu e se elas são saudáveis ou prejudiciais.

"Coping" refere-se às estratégias e técnicas que as pessoas usam para lidar com estresse, adversidades ou demandas emocionais. Essas estratégias podem variar amplamente entre indivíduos e podem ser saudáveis ou prejudiciais. *Coping* é uma parte fundamental da psicologia humana, pois ajuda as pessoas a gerenciar situações estressantes ou dolorosas de maneira eficaz e manter o bem-estar emocional e mental.

Existem dois tipos principais de estratégias de *coping*:

Coping Adaptativo (ou positivo)

Inclui técnicas que efetivamente ajudam a pessoa a reduzir o estresse e promovem o bem-estar emocional. Exemplos incluem:

- **Resolução de problemas:** Enfrentar diretamente um problema para encontrar uma solução.

- **Reestruturação cognitiva:** Mudar a maneira de pensar sobre um problema para vê-lo de uma perspectiva mais positiva.

- **Relaxamento:** Práticas como meditação, respiração profunda ou ioga.

- **Busca de apoio social:** Obter apoio emocional ou prático de amigos e familiares.

Coping Maladaptativo (ou negativo)

Inclui estratégias que podem aliviar temporariamente o estresse, mas podem ser destrutivas ou prejudiciais a longo prazo.

Exemplos incluem:

- **Evitação:** Ignorar ou fugir do problema.
- **Negação:** Recusar-se a reconhecer a realidade de uma situação.
- **Abuso de substâncias:** Usar álcool, drogas ou outras substâncias para tentar escapar dos problemas.

A eficácia das estratégias de *coping* pode depender de vários fatores, incluindo a natureza do estressor, as circunstâncias pessoais e os recursos disponíveis. As habilidades de *coping* são frequentemente desenvolvidas ao longo do tempo e podem ser aprimoradas através de terapias comportamentais, educação e prática consciente.

Intervenção e Cura

1. Reconhecimento e Validação:

- **Validação dos Sentimentos:** Valide os sentimentos e experiências do constelados, reconhecendo a dor e o sofrimento causados pelo abuso ou negligência.
- **Empatia e Apoio:** Ofereça empatia e apoio, criando um ambiente seguro para o constelados compartilhar suas experiências.

2. Terapia e Tratamento:

- **Terapia Individual:** Utilize terapias individuais, como a Terapia Cognitivo-Comportamental (TCC), para ajudar o constelados a processar o trauma.

- **Constelação Familiar:** Realize sessões de constelação familiar para trabalhar as dinâmicas familiares e interromper os ciclos de abuso ou negligência.

- **Terapias Complementares:** Considere terapias complementares, como a Terapia de Florais de Bach, para ajudar no equilíbrio emocional.

3. Educação e Capacitação:

- **Educação sobre Abuso:** Eduque o constelados sobre os diferentes tipos de abuso e negligência e seus impactos.

- **Capacitação para a Mudança:** Trabalhe com o constelados para desenvolver habilidades de comunicação saudável e estratégias para estabelecer limites seguros.

Estratégias de Prevenção

1. Conscientização Familiar:

- **Workshops e Grupos de Apoio:** Organize workshops e grupos de apoio para famílias, focando na conscientização e prevenção do abuso.

- **Educação Comunitária:** Promova a educação comunitária sobre os sinais de abuso e como buscar ajuda.

2. Promoção de Relacionamentos Saudáveis:

- **Modelagem de Comportamento:** Incentive comportamentos positivos e modelagem de relacionamentos saudáveis.

- **Apoio e Recursos:** Forneça recursos e apoio para ajudar as famílias a construir ambientes seguros e amorosos.

Conclusão

Interromper os ciclos de abuso ou negligência é um processo desafiador, mas essencial para a cura e a criação de um futuro mais saudável. Trabalhar com o constelados para identificar, compreender e alterar esses padrões pode levar a uma profunda transformação pessoal e familiar.

Repetição de doenças graves ou condições de saúde mental

A repetição de doenças graves ou condições de saúde mental dentro de uma família pode indicar padrões hereditários ou psicossociais que perpetuam o sofrimento ao longo das gerações. Identificar e entender esses padrões é fundamental para promover a saúde e o bem-estar dos membros da família.

Identificação dos Padrões de Saúde

1. História Familiar de Saúde:

- **Entrevistas e Questionários:** Utilize entrevistas detalhadas e questionários para coletar informações sobre a saúde física e mental de membros da família.
- **Genograma de Saúde:** Crie um genograma específico para a saúde, destacando doenças graves e condições de saúde mental em diferentes gerações.

2. Tipos de Doenças e Condições:

- **Doenças Físicas:** Identifique doenças graves como câncer, doenças cardíacas, diabetes, entre outras.
- **Saúde Mental:** Explore condições de saúde mental, como depressão, ansiedade, bipolaridade, esquizofrenia, entre outras.

3. Padrões Repetitivos:

- **Transmissão Genética:** Investigue a presença de padrões genéticos que possam explicar a repetição de certas doenças ou condições.

- **Influências Psicossociais:** Avalie de que forma fatores psicossociais, como estresse crônico, traumas não resolvidos e comportamentos de *coping*, contribuem para a repetição das condições de saúde.

Análise e Reflexão

1. Impacto Emocional e Psicológico:

- ***Stress* e Ansiedade:** Explore o impacto do *stress* e da ansiedade causados pela presença de doenças graves ou condições de saúde mental na família.

- **Estigma e Sentimentos de Culpa:** Avalie como o estigma e os sentimentos de culpa relacionados às condições de saúde impactam o bem-estar dos membros da família.

2. Mecanismos de Defesa e *Coping*:

- **Comportamentos de *Coping*:** Identifique comportamentos de *coping* desenvolvidos para lidar com as doenças, como negação, evitação, ou busca excessiva de tratamentos.

- **Resiliência Familiar:** Explore as formas como a família desenvolveu resiliência e apoio mútuo perante as condições de saúde.

Intervenção e Cura

1. Reconhecimento e Validação:

- **Validação dos Sentimentos:** Valide os sentimentos e experiências dos membros da família, reconhecendo a dor e o sofrimento causados pelas condições de saúde.

- **Empatia e Apoio:** Ofereça empatia e apoio, criando um ambiente seguro para compartilhar experiências e preocupações.

2. Terapia e Tratamento:

- **Terapia Individual e Familiar:** Utilize terapias individuais e familiares para ajudar a processar o impacto emocional das condições de saúde.

- **Constelação Familiar:** Realize sessões de constelação familiar para trabalhar as dinâmicas que perpetuam as condições de saúde na família.

- **Apoio Médico:** Colabore com profissionais de saúde para garantir um tratamento médico adequado e integrado.

3. Educação e Capacitação:

- **Educação sobre Saúde:** Eduque a família sobre as doenças e condições de saúde mental, seus sintomas e tratamentos.

- **Capacitação para a Autogestão:** Trabalhe com a família para desenvolver habilidades de autogestão da saúde e estratégias de prevenção.

Estratégias de Prevenção

1. Conscientização Familiar:

- ***Workshops* de Saúde:** Organize *workshops* sobre saúde física e mental, focando na prevenção e gestão de doenças.

- **Grupos de Apoio:** Promova grupos de apoio para famílias que lidam com condições de saúde semelhantes.

2. Promoção de Estilos de Vida Saudáveis:

- **Hábitos Saudáveis:** Incentive a adoção de hábitos saudáveis, como alimentação equilibrada, exercícios físicos e práticas de redução de *stress*.

- **Apoio e Recursos:** Forneça recursos e apoio para ajudar a família a criar um ambiente de vida saudável.

Conclusão

Compreender e abordar a repetição de doenças graves ou condições de saúde mental é crucial para interromper ciclos de sofrimento e promover a saúde integral. Ao trabalhar com a família para identificar, entender e transformar esses padrões, é possível alcançar uma melhora significativa na qualidade de vida e no bem-estar emocional dos membros da família.

Questionário para Identificação de Padrões de Repetição de Doenças Graves ou Condições de Saúde Mental

Este questionário foi elaborado para ajudar você a identificar possíveis padrões de repetição de doenças graves ou condições de saúde mental dentro de sua família. Ao responder, reflita sobre os membros da família e as gerações passadas. No final, revisaremos juntos suas respostas para explorar mais profundamente esses padrões.

1. Doenças Físicas Graves

- Existem doenças graves, como câncer, diabetes, doenças cardíacas ou outras condições crônicas, que se repetem em diferentes membros da sua família?

- Quem na sua família foi afetado por essas doenças? Elas se manifestaram em várias gerações ou em pessoas de faixas etárias semelhantes?

- Você percebe que essas doenças estão associadas a um estilo de vida, *stress* ou outros fatores que podem ser hereditários ou compartilhados pela família?

- Essas doenças influenciam como sua família lida com questões de saúde e bem-estar (como prevenção ou tratamento)?
- Você sente que há um medo ou expectativa na família em relação ao desenvolvimento dessas condições?

2. Saúde Mental

- Existem condições de saúde mental que se repetem em sua família, como depressão, ansiedade, transtorno bipolar ou esquizofrenia?
- Você consegue identificar membros da família, em diferentes gerações, que sofreram com essas condições?
- Como sua família lida com questões de saúde mental? Há apoio para aqueles que enfrentam esses desafios ou há estigma e silêncio em torno desses problemas?
- Você percebe que há momentos ou eventos específicos que parecem desencadear essas condições de saúde mental em membros da família (como crises familiares, perdas ou *stress*)?
- Como essas condições impactaram sua própria vida ou a maneira como você vê sua saúde mental?

3. Relação entre Doenças e Eventos Familiares

- Você observa que as doenças graves ou condições de saúde mental em sua família tendem a surgir após eventos traumáticos ou períodos de stress intenso?
- Essas condições tendem a ocorrer em momentos similares na vida de diferentes membros da família, como em uma determinada idade ou em resposta a eventos específicos (como perda de emprego, divórcio, etc.)?
- Houve situações em que membros da família evitaram ou negaram problemas de saúde, até que eles se tornaram graves?

- Como sua família reage quando alguém é diagnosticado com uma condição grave? Existe um padrão de negação, aceitação ou tratamento precoce?

- Há doenças ou condições de saúde mental que parecem ser vistas como "inevitáveis" na sua família? Como essa visão impacta a maneira como os membros da família lidam com a prevenção e o cuidado?

4. Impacto nas Gerações Futuras

- Como você acha que a repetição de doenças graves ou condições de saúde mental afetou a geração mais jovem de sua família?

- Existem crenças familiares sobre doenças que você sente que afetam como você ou outros membros da família percebem sua própria saúde e bem-estar?

- A prevenção e o cuidado com a saúde são incentivados na sua família, ou há um padrão de descuido em relação a problemas que podem ser hereditários?

- Você sente que há um medo ou expectativa de que essas doenças ou condições mentais se manifestem em sua geração ou nas gerações futuras?

- Que mudanças você gostaria de ver na forma como sua família lida com questões de saúde e doenças hereditárias?

Revisão das Respostas

- Agora que você completou o questionário, há algum padrão específico de doença ou condição de saúde mental que parece mais relevante ou prevalente em sua família?

- Como você se sente ao perceber esses padrões? Existe alguma doença ou condição que você teme ou espera que possa ocorrer?

- Que passos você acha que seriam importantes para mudar a forma como esses padrões afetam você e sua família no futuro?
- Existe algo que você gostaria de explorar mais profundamente ou resolver em relação a essas questões de saúde em sua família?

Este questionário visa ajudar a identificar padrões ocultos de doenças graves ou condições de saúde mental que podem estar se repetindo ao longo das gerações. A partir das suas respostas, podemos aprofundar a compreensão dessas dinâmicas e buscar soluções para interromper esses ciclos e promover uma abordagem mais saudável e preventiva dentro da família.

Padrões de relacionamento conflituoso ou distante

Os padrões de relacionamento conflituoso ou distante podem perpetuar dinâmicas negativas dentro de uma família, afetando a comunicação, a confiança e o vínculo emocional entre os membros. Identificar e abordar esses padrões é essencial para promover relacionamentos mais saudáveis e harmoniosos.

Identificação dos Padrões de Relacionamento

1. História dos Relacionamentos Familiares:

- **Entrevistas e Questionários:** Utilize entrevistas detalhadas e questionários para coletar informações sobre a natureza dos relacionamentos familiares ao longo das gerações.
- **Genograma de Relacionamentos:** Crie um genograma específico para os relacionamentos, destacando padrões de conflito ou distanciamento.

2. Tipos de Relacionamentos Conflituosos ou Distantes:

- **Conflitos Repetitivos:** Identifique conflitos recorrentes entre membros da família, como desentendimentos frequentes, rivalidades e disputas.

- **Distanciamento Emocional:** Explore a presença de distanciamento emocional, como falta de comunicação, afastamento e ausência de vínculo afetivo.

3. Padrões Repetitivos:

- **Transmissão Intergeracional:** Investigue como padrões de relacionamento conflituoso ou distante são transmitidos de uma geração para outra.

- **Influências Culturais e Sociais:** Avalie como fatores culturais e sociais contribuem para a manutenção desses padrões.

Análise e Reflexão

1. Impacto Emocional e Psicológico:

- *Stress* **e Ansiedade:** Explore o impacto do *stress* e da ansiedade causados por relacionamentos conflituosos ou distantes.

- **Sentimentos de Rejeição e Abandono:** Avalie como sentimentos de rejeição e abandono afetam o bem-estar emocional dos membros da família.

2. Mecanismos de Defesa e *Coping*:

- **Comportamentos de *Coping*:** Identifique comportamentos de *coping* desenvolvidos para lidar com os conflitos, como evitação, agressividade ou isolamento.

- **Resiliência Familiar:** Explore as formas como a família desenvolveu resiliência e estratégias de enfrentamento diante dos conflitos.

Intervenção e Cura

1. Reconhecimento e Validação:

- **Validação dos Sentimentos:** Valide os sentimentos e experiências dos membros da família, reconhecendo a dor e o sofrimento causados pelos relacionamentos conflituosos ou distantes.

- **Empatia e Apoio:** Ofereça empatia e apoio, criando um ambiente seguro para compartilhar experiências e preocupações.

2. Terapia e Tratamento:

- **Terapia Individual e Familiar:** Utilize terapias individuais e familiares para ajudar a processar o impacto emocional dos relacionamentos conflituosos ou distantes.

- **Constelação Familiar:** Realize sessões de constelação familiar para trabalhar as dinâmicas que perpetuam os conflitos e o distanciamento na família.

- **Mediação de Conflitos:** Utilize técnicas de mediação para facilitar a resolução de conflitos e a restauração da comunicação entre os membros da família.

3. Educação e Capacitação:

- **Educação sobre Relacionamentos:** Eduque a família sobre os princípios dos relacionamentos saudáveis, como comunicação efetiva, empatia e resolução de conflitos.

- **Capacitação para a Comunicação:** Trabalhe com a família para desenvolver habilidades de comunicação assertiva e empática.

Estratégias de Prevenção

1. Conscientização Familiar:

- **Workshops de Relacionamentos:** Organize *workshops* sobre a construção de relacionamentos saudáveis, focando a comunicação, empatia e resolução de conflitos.

- **Grupos de Apoio:** Promova grupos de apoio para famílias que enfrentam desafios nos relacionamentos, oferecendo um espaço seguro para compartilhar experiências e aprender novas estratégias.

2. Promoção de Relações Saudáveis:

- **Fortalecimento de Vínculos:** Incentive atividades que fortaleçam os vínculos familiares, como momentos de lazer, celebrações e práticas de gratidão.

- **Apoio e Recursos:** Forneça recursos e apoio para ajudar a família a criar um ambiente de convivência harmonioso e acolhedor.

Conclusão

Compreender e abordar os padrões de relacionamento conflituoso ou distante é fundamental para promover a harmonia e a saúde emocional dentro da família. Ao trabalhar com a família para identificar, entender e transformar esses padrões, é possível alcançar relacionamentos mais fortes, saudáveis e satisfatórios, proporcionando um ambiente familiar mais equilibrado e acolhedor.

Questionário para Identificação dos Padrões de Relacionamento

Este questionário foi criado para ajudá-lo(a) a identificar padrões de relacionamento dentro de sua família. Responda com o máximo de honestidade possível e, ao final, revisaremos juntos para identificar temas recorrentes ou dinâmicas que possam estar impactando sua vida.

1. Conflitos Familiares

- Quais são os tipos de conflito mais comuns em sua família (por exemplo, discussões, desentendimentos, afastamentos)?
- Quem geralmente está envolvido nesses conflitos? Existe algum padrão sobre quem inicia ou mantém o conflito?
- Com que frequência esses conflitos ocorrem? Eles parecem repetir-se ao longo do tempo ou entre gerações?
- Como os membros da família costumam resolver ou lidar com esses conflitos? Há alguma tendência a evitar, ignorar ou confrontar diretamente?
- Como esses conflitos afetaram sua vida e suas relações pessoais?

2. Alianças e Grupos dentro da Família

- Existem alianças ou "grupos" dentro da sua família? Por exemplo, alguns membros da família que estão mais próximos uns dos outros e menos próximos de outros?
- Como essas alianças afetam a dinâmica familiar? Elas criam divisões, favorecimentos ou afastamentos?
- Essas alianças são evidentes ao longo de várias gerações? Por exemplo, avós, pais e filhos mantendo alianças semelhantes?
- Como você se sente em relação a essas alianças? Você sente que pertence a um desses grupos ou se sente isolado?
- Essas alianças interferem em sua capacidade de se conectar com outros membros da família?

3. Afastamento e Isolamento

- Você percebe padrões de afastamento ou isolamento entre membros da sua família? Isso aconteceu com você em algum momento?

- Há membros da família que estão completamente desconectados ou isolados dos demais? Se sim, por que isso aconteceu?

- Como esses afastamentos afetam as relações familiares em geral? Eles criam lacunas ou tensões entre os membros restantes?

- Em sua experiência, como sua família reage a esses afastamentos? Há tentativas de reconciliação ou o afastamento é aceito?

- Você se vê repetindo padrões de afastamento ou distanciamento em suas relações pessoais ou profissionais?

4. Repetição de Padrões de Relacionamento

- Você percebe que os relacionamentos em sua família seguem padrões repetitivos? Por exemplo, pais e filhos tendo os mesmos tipos de conflito ou dificuldades?

- Existem relações em que você se sente repetindo os mesmos comportamentos ou dinâmicas que observou em gerações anteriores?

- Como você se sente ao perceber esses padrões? Eles são positivos ou negativos para você?

- Você já tentou mudar esses padrões de comportamento? O que funcionou ou não funcionou?

- Como esses padrões impactam seus relacionamentos fora da família, por exemplo, amizades ou relacionamentos amorosos?

Revisão das Respostas

- Agora que completou o questionário, há algum padrão específico que chama sua atenção ou que parece mais relevante?

- Como você se sente em relação às dinâmicas de relacionamento na sua família? Você gostaria de explorar mais algum aspecto ou padrão específico?
- Existe algum comportamento ou padrão de relacionamento que você gostaria de mudar ou melhorar?

Este questionário é uma ferramenta para trazer à tona os padrões ocultos ou repetitivos de relacionamento dentro da sua família. A partir das respostas, podemos explorar mais a fundo esses padrões e trabalhar juntos para entender suas raízes e buscar possíveis soluções para promover relações mais saudáveis e harmoniosas.

Eventos traumáticos que ocorrem em múltiplas gerações

Os eventos traumáticos que se repetem em várias gerações podem deixar marcas profundas no sistema familiar, afetando a maneira como os membros da família lidam com o sofrimento, a resiliência e os relacionamentos. Identificar e abordar esses eventos é crucial para interromper o ciclo de trauma intergeracional e promover a cura.

Identificação dos Eventos Traumáticos

1. Coleta de Dados da História Familiar:

- **Entrevistas e Questionários:** Realize entrevistas detalhadas e utilize questionários para coletar informações sobre eventos traumáticos ao longo das gerações.

2. Tipos de Eventos Traumáticos:

- **Perdas Significativas:** Inclua eventos como mortes prematuras, abortos, separações e divórcios.
- **Abusos e Negligência:** Identifique casos de abuso físico, emocional ou sexual e situações de negligência.
- **Conflitos e Violência:** Explore episódios de violência doméstica, conflitos intensos e guerras.

- **Desastres e Adversidades:** Registre eventos como desastres naturais, acidentes graves e crises financeiras.

3. Padrões Repetitivos:

- **Transmissão Intergeracional:** Investigue como os eventos traumáticos são transmitidos e perpetuados ao longo das gerações.
- **Influências Culturais e Sociais:** Avalie o papel dos fatores culturais e sociais na manutenção e amplificação dos traumas.

Análise e Reflexão

1. Impacto Emocional e Psicológico:

- **Sintomas de Trauma:** Explore os sintomas de trauma manifestados pelos membros da família, como ansiedade, depressão, e comportamento de evitação.
- **Memórias e Narrativas:** Analise como as memórias e narrativas dos eventos traumáticos são compartilhadas e reinterpretadas nas diferentes gerações.

2. Mecanismos de Defesa e *Coping*:

- **Comportamentos de *Coping*:** Identifique comportamentos de *coping* desenvolvidos para lidar com o trauma, como repressão, dissociação, ou hipervigilância.
- **Resiliência Familiar:** Explore as formas de resiliência que a família desenvolveu para enfrentar e superar os traumas.

Intervenção e Cura

1. Reconhecimento e Validação:

- **Validação dos Sentimentos:** Valide os sentimentos e experiências traumáticas dos membros da família, reconhecendo a dor e o sofrimento vividos.

- **Empatia e Apoio:** Ofereça empatia e apoio, criando um ambiente seguro para compartilhar experiências e emoções.

2. Terapia e Tratamento:

- **Terapia Individual e Familiar:** Utilize terapias individuais e familiares para ajudar a processar os traumas e desenvolver estratégias de enfrentamento.

- **Constelação Familiar:** Realize sessões de constelação familiar para trabalhar as dinâmicas de trauma e promover a cura intergeracional.

- **Terapia de Trauma:** Considere abordagens específicas de terapia de trauma, como EMDR (Dessensibilização e Reprocessamento por Movimentos Oculares) e Terapia Cognitivo-Comportamental (TCC).

3. Educação e Capacitação:

- **Educação sobre Trauma:** Eduque a família sobre os efeitos do trauma e as formas de enfrentamento saudável.

- **Capacitação para a Resiliência:** Trabalhe com a família para desenvolver habilidades de resiliência e estratégias de *coping* efetivas.

Estratégias de Prevenção

1. Conscientização Familiar:

- ***Workshops* de Trauma:** Organize *workshops* sobre os efeitos do trauma e estratégias de enfrentamento, promovendo a conscientização e a educação.

- **Grupos de Apoio:** Crie grupos de apoio para famílias que enfrentam traumas intergeracionais, oferecendo um espaço seguro para compartilhar experiências e aprender novas estratégias.

2. Promoção de Relações Saudáveis:

- **Fortalecimento de Vínculos:** Incentive atividades que fortaleçam os vínculos familiares, como momentos de lazer, celebrações e práticas de gratidão.

- **Apoio e Recursos:** Forneça recursos e apoio para ajudar a família a criar um ambiente de convivência harmonioso e acolhedor.

Conclusão

Compreender e abordar os eventos traumáticos que se repetem em múltiplas gerações é essencial para interromper o ciclo de trauma e promover a cura. Ao trabalhar com a família para identificar, entender e transformar esses eventos, é possível alcançar um ambiente familiar mais equilibrado e acolhedor, proporcionando bem-estar emocional e resiliência para as futuras gerações.

Questionário para Identificação dos Eventos Traumáticos

Instruções: Este questionário tem como objetivo ajudar a identificar eventos traumáticos que ocorreram ao longo das gerações em sua família. Responda com o máximo de detalhes possível e, se necessário, converse com outros membros da família para obter informações adicionais.

Coleta de Dados da História Familiar

Entrevistas e Questionários:

1. Eventos de Perda (Mortes, Divórcios):

- Quais perdas significativas ocorreram em sua família? (Exemplos: mortes prematuras, abortos, divórcios.)

- Como essas perdas afetaram os membros da família?

2. Experiências de Abuso ou Negligência:

- Existem relatos de abuso físico, emocional ou sexual na família? Quem foram as vítimas e os perpetradores?
- Houve casos de negligência infantil ou abandono? Como isso afetou os envolvidos?

3. Mudanças Significativas (Mudança de Casa, de País):

- Quais foram as mudanças significativas que ocorreram na história familiar? (Exemplos: mudança de casa, de país.)
- Quais foram os motivos dessas mudanças e como elas impactaram a família?

4. Padrões de Relacionamento (Conflitos, Alianças, Afastamentos):

- Houve padrões de relacionamento conflituoso ou distante entre os membros da família?
- Quais alianças ou rixas familiares são notáveis? Como elas afetaram a dinâmica familiar?

5. Eventos Traumáticos Conhecidos:

- Existem eventos traumáticos conhecidos que ocorreram ao longo das gerações? (Exemplos: guerras, desastres naturais, acidentes graves, crises financeiras.)
- Como esses eventos foram enfrentados pela família?

Perguntas Detalhadas

1. Eventos de Perda:

- Pode descrever os eventos de perda que mais impactaram sua família?

- Como cada membro da família reagiu a essas perdas?
- Houve algum padrão de repetição de perdas em gerações diferentes?

2. Experiências de Abuso ou Negligência:

- Pode relatar qualquer incidente de abuso ou negligência que tenha ocorrido na família?
- Como esses eventos foram tratados pela família?
- Houve alguma intervenção externa (autoridades, terapeutas, etc.)?

3. Mudanças Significativas:

- Pode listar todas as mudanças significativas que sua família passou?
- Quais foram as circunstâncias que levaram a essas mudanças?
- Como essas mudanças afetaram a estabilidade emocional e física dos membros da família?

4. Padrões de Relacionamento:

- Pode descrever os padrões de relacionamento que existem ou existiram em sua família?
- Quais são os conflitos mais recorrentes? E as alianças mais fortes?
- Como esses padrões influenciaram a vida familiar e individual?

5. Eventos Traumáticos Conhecidos:

- Pode listar os eventos traumáticos conhecidos que ocorreram na história da sua família?
- Como esses eventos foram enfrentados e superados pelos membros da família?

- Houve alguma transmissão de traumas ou comportamentos relacionados a esses eventos entre gerações?

Revisão das Respostas:

Após responder ao questionário, revise as respostas com cuidado. Identifique padrões de eventos traumáticos e dinâmicas familiares que possam ter sido transmitidos entre gerações. Use essas informações para trabalhar com seu terapeuta ou conselheiro familiar na elaboração de estratégias de cura e resiliência.

Documentação e Reflexão:

- Mantenha registros detalhados das informações coletadas durante as entrevistas, questionários e construção do genograma.

- Reflita com o constelados sobre as descobertas, encorajando-o a compartilhar suas percepções e sentimentos sobre os traumas identificados.

- Use essa reflexão como base para desenvolver um plano terapêutico personalizado, focado na cura dos traumas familiares identificados.

Conclusão:

A identificação de traumas familiares é um passo fundamental para compreender e curar as dinâmicas disfuncionais que podem impactar a saúde emocional e psicológica dos indivíduos. Ao utilizar entrevistas detalhadas, questionários e genogramas, você pode ajudar seus constelados a reconhecer e abordar os traumas que afetam suas vidas. Este processo não apenas promove a compreensão, mas também fornece uma base sólida para intervenções terapêuticas eficazes.

Técnicas Avançadas de Constelação Familiar: – conduza sessões de constelação familiar para trazer à luz as dinâmicas ocultas e os traumas não resolvidos

Condução de Sessões de Constelação Familiar:

Exemplo 1: Exploração de Conflitos Familiares

1. Preparação:

- Reúna o consteladas e explique o processo de constelação familiar.
- Peça ao consteladas para selecionar representantes entre os participantes para representar membros da família.

2. Configuração da Constelação:

- Solicite ao consteladas que posicione os representantes no espaço de acordo com sua percepção das relações familiares.
- Observe a disposição e as distâncias entre os representantes para identificar dinâmicas e tensões ocultas.

3. Exploração:

- Incentive os representantes a expressar sentimentos e sensações que surgem enquanto estão na posição atribuída.
- Faça perguntas aos representantes sobre o que estão sentindo em relação aos outros membros.

4. Intervenção:

- Se um conflito ou trauma específico for identificado, introduza intervenções, como declarações de reconhecimento ou pedidos de perdão.
- Utilize movimentos e mudanças de posição para representar a resolução de conflitos ou a reconciliação.

5. Encerramento:

- Conduza a constelação até um ponto em que o constelados sinta uma mudança positiva ou um alívio nas tensões.

- Discuta com o constelados os *insights* obtidos e as ações a serem tomadas fora da sessão.

Exemplo 2: Resolução de Traumas Transgeracionais

1. Preparação:

- Explique ao constelados a importância de identificar traumas transgeracionais.

- Peça ao constelados para selecionar representantes para membros de gerações passadas.

2. Configuração da Constelação:

- Oriente o constelados a posicionar representantes de diferentes gerações conforme sua percepção da história familiar.

- Preste atenção aos padrões e temas recorrentes entre as gerações.

3. Exploração:

- Incentive os representantes a compartilhar sentimentos e percepções que surgem em relação aos eventos traumáticos identificados.

- Explore como esses traumas podem ter sido transmitidos de uma geração para outra.

4. Intervenção:

- Introduza intervenções como declarações de reconhecimento de traumas passados e expressões de gratidão e honra aos ancestrais.

- Utilize movimentos simbólicos para representar a liberação de traumas e a cura entre as gerações.

5. Encerramento:

- Conduza a constelação até um ponto em que o constelados sinta uma conexão mais saudável com suas raízes familiares.
- Discuta os *insights* e ações concretas que o constelados pode tomar para continuar o processo de cura.

Exemplo 3: Melhora de Relacionamentos Familiares

1. Preparação:

- Explique ao constelados como a constelação pode ajudar a melhorar os relacionamentos familiares.
- Peça ao constelados para selecionar representantes para si mesmo e para os membros da família com quem deseja melhorar o relacionamento.

2. Configuração da Constelação:

- Oriente o constelados a posicionar os representantes de acordo com sua percepção atual dos relacionamentos.
- Observe as distâncias e orientações entre os representantes.

3. Exploração:

- Incentive os representantes a compartilhar suas experiências e percepções sobre os relacionamentos representados.
- Explore as dinâmicas de poder, alianças e distanciamentos.

4. Intervenção:

- Introduza intervenções, como declarações de necessidades e desejos não expressos entre os membros da família.

- Utilize movimentos para representar a aproximação e a reconexão entre os membros.

5. Encerramento:

- Conduza a constelação até um ponto em que o constelados perceba uma melhoria na compreensão e na conexão com os membros da família.

- Discuta com o constelados os próximos passos para manter e fortalecer esses relacionamentos fora da sessão.

Esses exemplos práticos podem ser ajustados de acordo com as necessidades e as situações específicas de cada constelados, permitindo que as sessões de constelação familiar sejam uma ferramenta poderosa para trazer à luz dinâmicas ocultas e solucionar traumas não resolvidos.

Exemplos Práticos para Técnicas de Constelação Familiar: Condução de Sessões de Constelação Familiar Focadas em Conflitos entre Pais e Filhos

Tema: Exploração e Resolução de Conflitos entre Pais e Filhos

Preparação:

- Reúna o constelados e explique o processo de constelação familiar, destacando como a técnica pode ajudar a explorar e resolver conflitos entre pais e filhos.

- Peça ao constelados para selecionar representantes entre os participantes para representar ele mesmo, os pais e outros membros relevantes da família.

Configuração da Constelação:

- Solicite ao constelados que posicione os representantes no espaço de acordo com sua percepção das relações familiares e dos conflitos existentes entre pais e filhos.
- Observe a disposição e as distâncias entre os representantes para identificar dinâmicas e tensões ocultas.

Exploração:

- Incentive os representantes a expressar sentimentos e sensações que surgem enquanto estão na posição atribuída.
- Faça perguntas aos representantes sobre o que estão sentindo em relação aos outros membros, focando os sentimentos de cada representante no papel de pai, mãe e filho.

Intervenção:

- Se um conflito específico for identificado, introduza intervenções, como declarações de reconhecimento ou pedidos de perdão entre os pais e os filhos.
- Utilize movimentos e mudanças de posição para representar a resolução de conflitos ou a reconciliação. Por exemplo, um representante pode mover-se mais próximo a outro como um símbolo de aproximação e entendimento.

Encerramento:

Conduza a constelação até um ponto em que o constelados sinta uma mudança positiva ou um alívio nas tensões entre pais e filhos.

Discuta com o constelados os *insights* obtidos e as ações a serem tomadas fora da sessão, como conversas abertas e honestas, e práticas de escuta ativa.

Resolução de Traumas Transgeracionais Relacionados à Parentalidade

Preparação:

- Explique ao constelados a importância de identificar traumas transgeracionais relacionados à parentalidade.

- Peça ao constelados para selecionar representantes como membros de gerações passadas, como avós e bisavós, além dos pais e filhos atuais.

Configuração da Constelação:

- Oriente o constelados a posicionar representantes de diferentes gerações conforme sua percepção da história familiar, com foco nos traumas relacionados à parentalidade.

- Preste atenção aos padrões e temas recorrentes entre as gerações.

Exploração:

- Incentive os representantes a compartilhar sentimentos e percepções que surgem em relação aos eventos traumáticos identificados.

- Explore como esses traumas relacionados à parentalidade podem ter sido transmitidos de uma geração para outra, impactando as relações atuais entre pais e filhos.

Intervenção:

- Introduza intervenções como declarações de reconhecimento de traumas passados e expressões de gratidão e honra aos ancestrais.

- Utilize movimentos simbólicos para representar a liberação de traumas e a cura entre as gerações, especialmente no contexto de parentalidade.

Encerramento:

- Conduza a constelação até um ponto em que o constelados sinta uma conexão mais saudável com suas raízes familiares e uma compreensão mais profunda dos traumas transgeracionais.

- Discuta os *insights* e ações concretas que o constelados pode tomar para continuar o processo de cura, fortalecendo as relações parentais.

Melhora de Relacionamentos Familiares entre Pais e Filhos

Preparação:

- Explique ao constelados como a constelação pode ajudar a melhorar os relacionamentos familiares entre pais e filhos.

- Peça ao constelados para selecionar representantes para si mesmo, seus pais e seus filhos.

Configuração da Constelação:

- Oriente o constelados a posicionar os representantes de acordo com sua percepção atual dos relacionamentos entre pais e filhos.

- Observe as distâncias e orientações entre os representantes para identificar quaisquer barreiras emocionais ou físicas.

Exploração:

- Incentive os representantes a compartilhar suas experiências e percepções sobre os relacionamentos representados.

- Explore as dinâmicas de poder, alianças e distanciamentos entre pais e filhos.

Intervenção:

- Introduza intervenções, como declarações de necessidades e desejos não expressos entre pais e filhos.

- Utilize movimentos para representar a aproximação e a reconexão entre os membros da família. Por exemplo, um representante pode mudar de posição para simbolizar uma abertura e aceitação mútua.

Encerramento:

- Conduza a constelação até um ponto em que o constelados perceba uma melhoria na compreensão e na conexão com os membros da família.

- Discuta com o constelados os próximos passos para manter e fortalecer esses relacionamentos fora da sessão, como estabelecer tempos regulares de qualidade juntos e praticar a comunicação aberta e empática.

Esses exemplos práticos podem ser ajustados de acordo com as necessidades e as situações específicas de cada constelados, permitindo que as sessões de constelação familiar sejam uma ferramenta poderosa para trazer à luz dinâmicas ocultas e solucionar traumas não resolvidos entre pais e filhos.

Use representações e posicionamentos para ajudar os constelados a visualizar e entender os vínculos e conflitos familiares.

Exemplo 1: Visualização de Vínculos Familiares

1. Preparação:

- Explique ao constelados a importância de visualizar os vínculos familiares.

- Peça ao constelados para selecionar representantes para si mesmo e para outros membros da família.

2. Configuração da Constelação:

- Oriente o constelados a posicionar os representantes no espaço de acordo com sua percepção dos vínculos e relações.
- Observe as distâncias, orientações e proximidade entre os representantes.

3. Exploração:

- Incentive os representantes a expressar suas sensações e sentimentos enquanto ocupam suas posições.
- Explore como os vínculos são percebidos por cada representante e o impacto desses vínculos nas dinâmicas familiares.

4. Intervenção:

- Introduza intervenções como declarações de reconhecimento de vínculos e apreciação dos laços familiares.
- Utilize movimentos para representar o fortalecimento ou a restauração de vínculos, aproximando ou afastando os representantes conforme necessário.

5. Encerramento:

- Conduza a constelação até um ponto em que o constelados sinta uma compreensão mais clara dos vínculos familiares.
- Discuta os *insights* e possíveis ações para fortalecer esses vínculos fora da sessão.

Exemplo 2: Identificação e Resolução de Conflitos

1. Preparação:

- Explique ao constelados como a visualização de conflitos pode ajudar a entender e resolver tensões familiares.
- Peça ao constelados para selecionar representantes para si mesmo e para os membros da família envolvidos nos conflitos.

2. Configuração da Constelação:

- Oriente o consteladoss a posicionar os representantes de acordo com sua percepção dos conflitos e tensões.
- Preste atenção às distâncias, orientações e expressões corporais dos representantes.

3. Exploração:

- Incentive os representantes a compartilhar seus sentimentos e percepções sobre os conflitos representados.
- Explore as causas subjacentes dos conflitos e como cada membro da família é afetado.

4. Intervenção:

- Introduza intervenções, como declarações de reconhecimento dos conflitos e expressões de sentimentos não comunicados.
- Utilize movimentos para representar a resolução de conflitos, ajustando as posições dos representantes para refletir a harmonização das relações.

5. Encerramento:

- Conduza a constelação até um ponto em que o consteladoss perceba uma resolução ou alívio das tensões.
- Discuta os próximos passos que o consteladoss pode tomar para manter a harmonia nas relações familiares.

Exemplo 3: Reconhecimento de Padrões de Comportamento

1. Preparação:

- Explique ao consteladoss a importância de identificar padrões de comportamento nas relações familiares.
- Peça ao consteladoss para selecionar representantes para si mesmo e para os membros da família.

2. Configuração da Constelação:

- Oriente o constelados a posicionar os representantes de acordo com sua percepção dos padrões de comportamento.

- Observe as interações e comportamentos expressos pelos representantes.

3. Exploração:

- Incentive os representantes a expressar como se sentem e se comportam em suas posições.

- Explore os padrões de comportamento que emergem e como eles influenciam as dinâmicas familiares.

4. Intervenção:

- Introduza intervenções, como declarações de conscientização dos padrões e discussões sobre suas origens.

- Utilize movimentos para representar a interrupção de padrões negativos e a introdução de comportamentos mais saudáveis.

5. Encerramento:

- Conduza a constelação até um ponto em que o constelados perceba uma mudança positiva nos padrões de comportamento.

- Discuta as ações que o constelados pode tomar para manter essas mudanças no dia a dia.

Esses exemplos práticos fornecem uma estrutura para utilizar representações e posicionamentos de forma eficaz em sessões de constelação familiar, ajudando os constelados a visualizar e entender melhor os vínculos e conflitos em suas relações familiares.

Exemplos Práticos para Técnicas de Constelação Familiar: Uso de Representações e Posicionamentos

Exemplo 1: Visualização de Vínculos Familiares

Preparação:

- Explique ao constelados a importância de visualizar os vínculos familiares.
- Peça ao constelados para selecionar representantes para si mesmo e para outros membros da família.

Configuração da Constelação:

- Oriente o constelados a posicionar os representantes no espaço de acordo com sua percepção dos vínculos e relações.
- Observe as distâncias, orientações e proximidade entre os representantes.

Exploração:

- Incentive os representantes a expressar suas sensações e sentimentos enquanto ocupam suas posições.
- Explore como os vínculos são percebidos por cada representante e o impacto desses vínculos nas dinâmicas familiares.

Intervenção:

- Introduza intervenções como declarações de reconhecimento de vínculos e apreciação dos laços familiares.
- Utilize movimentos para representar o fortalecimento ou a restauração de vínculos, aproximando ou afastando os representantes conforme necessário.

Encerramento:

- Conduza a constelação até um ponto em que o constelados sinta uma compreensão mais clara dos vínculos familiares.

- Discuta os *insights* e possíveis ações para fortalecer esses vínculos fora da sessão.

Exemplo 2: Identificação e Resolução de Conflito

Preparação:

- Explique ao constelados como a visualização de conflitos pode ajudar a entender e resolver tensões familiares.
- Peça ao constelados para selecionar representantes para si mesmo e para os membros da família envolvidos nos conflitos.

Configuração da Constelação:

- Oriente o constelados a posicionar os representantes de acordo com sua percepção dos conflitos e tensões.
- Preste atenção às distâncias, orientações e expressões corporais dos representantes.

Exploração:

- Incentive os representantes a compartilhar seus sentimentos e percepções sobre os conflitos representados.
- Explore as causas subjacentes dos conflitos e como cada membro da família é afetado.

Intervenção:

- Introduza intervenções, como declarações de reconhecimento dos conflitos e expressões de sentimentos não comunicados.
- Utilize movimentos para representar a resolução de conflitos, ajustando as posições dos representantes para refletir a harmonização das relações.

Encerramento:

- Conduza a constelação até um ponto em que o constelados perceba uma resolução ou alívio das tensões.
- Discuta os próximos passos que o constelados pode tomar para manter a harmonia nas relações familiares.

Exemplo 3: Reconhecimento de Padrões de Comportamento

Preparação:

- Explique ao constelados a importância de identificar padrões de comportamento nas relações familiares.
- Peça ao constelados para selecionar representantes para si mesmo e para os membros da família.

Configuração da Constelação:

- Oriente o constelados a posicionar os representantes de acordo com sua percepção dos padrões de comportamento.
- Observe as interações e comportamentos expressos pelos representantes.

Exploração:

- Incentive os representantes a expressar como se sentem e se comportam em suas posições.
- Explore os padrões de comportamento que emergem e como eles influenciam as dinâmicas familiares.

Intervenção:

- Introduza intervenções, como declarações de conscientização dos padrões e discussões sobre suas origens.
- Utilize movimentos para representar a interrupção de padrões negativos e a introdução de comportamentos mais saudáveis.

Encerramento:

- Conduza a constelação até um ponto em que o constelados perceba uma mudança positiva nos padrões de comportamento.
- Discuta as ações que o constelados pode tomar para manter essas mudanças no dia a dia.

Esses exemplos práticos fornecem uma estrutura para utilizar representações e posicionamentos de forma eficaz em sessões de constelação familiar, ajudando os constelados a visualizarem e entenderem melhor os vínculos e conflitos em suas relações familiares.

Terapia Narrativa

Incentive os constelados a contarem suas histórias familiares, focando os eventos traumáticos e as emoções associadas.

Vamos dedicar um tempo para explorar sua história familiar. Este é um espaço seguro e confidencial, onde você pode compartilhar suas experiências à medida que se sentir confortável. Entender a história de sua família pode ajudar-nos a identificar eventos traumáticos e as emoções associadas a eles, o que pode ser crucial para o seu processo de cura.

Estabelecendo um Ambiente Seguro e Confiável:

- Vamos começar a sessão com uma conversa acolhedora para construir um ambiente de confiança e segurança. Usarei uma linguagem calma e compreensiva para garantir que você se sinta à vontade.

- O objetivo da sessão é explorar a sua história familiar para identificar eventos traumáticos e as emoções associadas. Quero que você saiba que tudo o que for compartilhado aqui será mantido em confidencialidade. Compartilhe apenas o que você sentir-se confortável em dividir.

Introduzindo o Tema da História Familiar:

- Entender a sua história familiar pode revelar padrões e eventos que afetam suas emoções e comportamentos atuais. Explorar sua história familiar pode ajudar-nos a entender melhor os desafios que você enfrenta hoje.

- Ao contar sua história, vamos focar especialmente nos eventos difíceis ou traumáticos e nas emoções que surgiram desses eventos.

Iniciando a Narração da História:

- Para iniciar a conversa, você pode contar-me um pouco sobre a sua família? Quais são algumas das primeiras lembranças que você tem de sua infância?

- Houve algum evento marcante na sua infância ou juventude? Você se lembra de alguma situação que foi particularmente difícil para sua família?

Focando os Eventos Traumáticos:

1. Quando você menciona um evento traumático, quero explorar mais detalhadamente. Pode me contar mais sobre esse evento? Como você se sentiu na época em que isso aconteceu?

2. Quais foram as emoções que você sentiu durante esse evento? Como você lidou com essas emoções na época?

Explorando Dinâmicas Familiares:

1. Como você acha que esse evento afetou a relação entre você e seus pais? Você percebe algum padrão de comportamento que se repetiu na sua família?

2. Você já ouviu falar de eventos semelhantes que ocorreram com seus avós ou outros membros da família?

Refletindo e Encerrando:

- Hoje, exploramos muitos eventos importantes da sua história familiar. O que mais chamou sua atenção?

- Vamos usar essas informações para entender melhor como esses eventos influenciam sua vida hoje e de que modo podemos trabalhar para superar esses desafios.

Essas instruções e exemplos detalhados ajudarão a conduzir de maneira eficaz a exploração das histórias familiares dos constelados, promovendo um entendimento mais profundo das dinâmicas e traumas familiares.

Ajude-os a reescrever suas narrativas, enfatizando a resiliência e as lições aprendidas.

Hoje, vamos trabalhar juntos para reescrever sua narrativa familiar. O objetivo é enfatizar a resiliência e as lições que você e sua família aprenderam ao longo do tempo. Ao recontar sua história com um foco positivo, podemos ajudar a transformar a maneira como você vê seu passado e fortalecer sua capacidade de enfrentar desafios futuros.

Estabelecendo o Contexto:

Vamos começar relembrando alguns dos eventos familiares que discutimos anteriormente. Quero que você pense sobre como esses eventos impactaram sua vida e sua família.

Embora esses eventos possam ter sido dolorosos, também trouxeram oportunidades de crescimento e resiliência. Nosso objetivo é destacar esses aspectos positivos e as lições que foram aprendidas.

Identificando Momentos de Resiliência:

1. Pense em um evento difícil que você enfrentou. Como você conseguiu superá-lo? Que recursos internos ou externos você utilizou para lidar com essa situação?

2. Quem em sua família mostrou força e resiliência durante esses tempos difíceis? Como eles inspiraram ou ajudaram você?

Explorando Lições Aprendidas:

1. Cada desafio traz consigo uma lição. O que você aprendeu com esses eventos difíceis? Como essas lições moldaram quem você é hoje?

2. Houve momentos em que você descobriu novas habilidades ou fortaleceu relacionamentos como resultado de enfrentar dificuldades?

Reescrevendo a Narrativa:

- Vamos trabalhar juntos para reescrever a história desse evento. Em vez de focar apenas a dor e a dificuldade, vamos destacar a força, a resiliência e as lições aprendidas.

- Por exemplo, se você enfrentou uma perda significativa, pode recontar essa história enfatizando como você e sua família se uniram para apoiar uns aos outros e o que você aprendeu sobre amor e solidariedade.

Exemplo de Reescrita:

- Original: "Quando meu pai faleceu, nossa família desmoronou. Foi um período de muita tristeza e solidão".

- Reescrita: "Quando meu pai faleceu, nossa família enfrentou um desafio imenso. Apesar da tristeza, nos unimos e encontramos força uns nos outros. Aprendi o verdadeiro valor da família e a importância de estar presente nos momentos difíceis".

Incorporando a Nova Narrativa:

- Como você se sente ao recontar sua história dessa nova perspectiva? Essa nova narrativa reflete melhor a força e a resiliência que você demonstrou?

- Vamos anotar essa nova narrativa para que você possa revisitá-la sempre que precisar de um lembrete de sua capacidade de superar desafios.

Reflexão e Encerramento:

- Hoje, transformamos a maneira como você vê sua história familiar. Que emoções surgem ao refletir sobre essa nova narrativa?

- Como você pode usar essa nova perspectiva para enfrentar desafios futuros? Quais são os próximos passos para continuar fortalecendo sua resiliência e aplicando as lições aprendidas?

Essas instruções detalhadas ajudarão a conduzir de maneira eficaz o processo de reescrita das narrativas familiares, focando a resiliência e as lições aprendidas, promovendo uma visão mais positiva e fortalecedora do passado.

Terapia de Reprocessamento e Dessensibilização por Movimentos Oculares (EMDR):

- Utilize EMDR para ajudar os constelados a processar e integrar memórias traumáticas.

- Ensine técnicas de autorregulação para lidar com emoções intensas que possam surgir durante o reprocessamento.

Terapia Somática:

- Trabalhe com o corpo para liberar traumas armazenados fisicamente.

- Use técnicas como a respiração consciente, movimentos suaves e toque terapêutico para ajudar os constelados a se reconectarem com seu corpo e liberarem a tensão.

Promovendo a Interrupção de Padrões Dolorosos e Ciclos de Dor

A interrupção de padrões dolorosos e ciclos de dor é essencial para a cura de traumas familiares. Aqui estão algumas estratégias para promover essa interrupção:

Reconhecimento de Padrões:

- Ajude os constelados a identificarem e reconhecerem padrões dolorosos que se repetem em suas famílias.
- Use ferramentas visuais como diagramas e mapas familiares para ilustrar esses padrões.

Estabelecimento de Limites Saudáveis:

- Ensine os constelados a estabelecerem limites claros e saudáveis com membros da família.
- Pratique cenários de comunicação assertiva e de resolução de conflitos.

Promoção de Autocuidado:

- Incentive os constelados a priorizarem o autocuidado e a autocompaixão.
- Introduza práticas de *mindfulness*, meditação e atividades que promovam o bem-estar emocional e físico.

Criação de Novas Tradições Familiares:

- Ajude os constelados a criar novas tradições e rituais familiares que promovam a união e a cura.
- Incentive a celebração de marcos positivos e a criação de memórias felizes.

Apoio Comunitário e Redes de Suporte:

- Oriente os constelados a buscarem apoio em grupos comunitários, terapias de grupo e redes de suporte.
- Facilite conexões com recursos locais que ofereçam ajuda e suporte emocional.

Processo Contínuo de Reflexão e Crescimento:

- Incentive os constelados a manter um diário de reflexão para monitorarem seu progresso e suas emoções.
- Promova a importância da terapia contínua e do desenvolvimento pessoal como parte do processo de cura.

Conclusão do Capítulo

Lidar com traumas familiares é um processo complexo e contínuo. Ao utilizar técnicas específicas e promover a interrupção de padrões dolorosos, você pode ajudar seus constelados a alcançar maior compreensão e cura. Lembre-se de que cada família é única, e é essencial adaptar as abordagens às necessidades individuais de cada constelados. Com paciência, empatia e as ferramentas certas, é possível transformar traumas familiares em oportunidades de crescimento e resiliência.

Dica Final

Ao trabalhar com traumas familiares, é crucial criar um ambiente seguro e acolhedor, onde os constelados se sintam confortáveis para explorarem suas histórias e emoções. A empatia e o apoio incondicional são fundamentais para facilitar o processo de cura. Continue aprendendo e aprimorando suas técnicas para oferecer o melhor suporte possível aos seus constelados.

Capítulo 3:

Aplicações Avançadas das Constelações em Relacionamentos e Saúde

Exploração das aplicações avançadas das constelações em diferentes áreas da vida, incluindo relacionamentos e questões de saúde, estudos de casos e exemplos práticos.

Introdução ao Capítulo:

Este capítulo se dedica a expandir o entendimento sobre as aplicações das constelações familiares, focando especificamente as áreas de relacionamentos e saúde. Ao longo deste capítulo, veremos como essa abordagem pode oferecer *insights* profundos e soluções inovadoras para desafios complexos nestas duas áreas críticas da vida.

Seção 1: Constelações Familiares e Relacionamentos

Teoria e Fundamentos:

As constelações familiares exploram como as dinâmicas e histórias ocultas dentro de uma família podem influenciar os relacionamentos atuais. Os padrões de comportamento, lealdades invisíveis, e conflitos não resolvidos são trazidos à luz, permitindo intervenções que restauram o equilíbrio e a harmonia.

Explorando as Dinâmicas e Histórias Ocultas em Constelações Familiares

Introdução:

As constelações familiares são uma abordagem terapêutica poderosa que desvenda as dinâmicas ocultas e as histórias não contadas dentro de uma família. Esta técnica revela como padrões de comportamento, lealdades invisíveis e conflitos não resolvidos do passado podem influenciar significativamente os relacionamentos atuais. Ao trazer esses elementos à luz, as constelações familiares permitem intervenções específicas que visam restaurar o equilíbrio e a harmonia dentro do sistema familiar.

Desvendando Padrões e Dinâmicas Ocultas

Padrões de Comportamento:

As constelações familiares ajudam a identificar padrões recorrentes de comportamento que podem ter sido passados de geração em geração. Esses padrões podem incluir tendências de autossacrifício, evitação de conflitos, ou a necessidade de cuidar dos outros em detrimento de si mesmo.

Exemplo prático: Durante uma sessão, um constelados descobre que sua dificuldade em estabelecer limites claros com os outros espelha o comportamento de sua mãe, que sempre priorizou as necessidades alheias acima das suas próprias.

Lealdades Invisíveis:

Muitas vezes, membros da família mantêm lealdades invisíveis que não são explicitamente reconhecidas. Essas lealdades podem ser para com um parente que foi excluído ou mal compreendido, ou um evento familiar que nunca foi completamente resolvido.

Exemplo Prático: Um constelados pode descobrir que seu medo de sucesso está ligado a uma lealdade inconsciente a um avô que fracassou em seus negócios, sentindo-se inconscientemente culpado ao tentar ter sucesso onde seu avô não teve.

Conflitos Não Resolvidos:

As constelações exploram conflitos antigos que nunca foram adequadamente resolvidos, permitindo que venham à tona de uma forma segura e controlada, para que possam ser finalmente endereçados.

Exemplo Prático: Uma sessão pode revelar que a tensão contínua entre dois irmãos é na verdade o eco de um conflito entre seus pais, que nunca foi abertamente discutido na família.

Intervenções para Restaurar o Equilíbrio e a Harmonia:

As intervenções em constelações familiares podem incluir a reconfiguração das posições dos representantes familiares para refletir uma nova compreensão dos relacionamentos. Isso pode ajudar a liberar a dor emocional e promover a cura.

Declarações ritualísticas são frequentemente utilizadas para reconhecer e aceitar as experiências e emoções de cada membro da família, permitindo que antigas feridas sejam curadas e que novos padrões de interação sejam estabelecidos.

Conclusão:

As constelações familiares oferecem uma janela única para as complexidades ocultas dentro das famílias. Ao participar de uma sessão de constelações, os indivíduos têm a oportunidade de enfrentar e resolver os padrões e conflitos que os têm retido, abrindo caminho para relacionamentos mais saudáveis e uma maior compreensão de si mesmos e de seus entes queridos. Esta abordagem não apenas traz paz e compreensão, mas também promove um ambiente de cura profunda e duradoura dentro da família.

Encorajamento Final:

Considerar participar de uma sessão de constelação familiar

pode ser um passo valioso na sua jornada de cura e autoconhecimento. Este processo pode desbloquear novos caminhos para a compreensão e a harmonia que você busca em seus relacionamentos familiares e pessoais.

Aplicações Práticas:

Estudo de Caso: casal em conflito – Exploração de um caso em que um casal enfrenta desafios constantes de comunicação e distanciamento emocional. A constelação revela uma lealdade inconsciente do marido à figura de uma mãe dominante, que inconscientemente ele compara com sua esposa. A intervenção ajuda a liberar esse vínculo, permitindo ao casal reconectar-se mais autenticamente.

Um casal vem enfrentando desafios constantes de comunicação e distanciamento emocional. As sessões de terapia tradicional ajudaram a identificar esses problemas, mas as soluções pareciam apenas temporárias. Eles decidem buscar a ajuda de um terapeuta de constelações familiares para explorar dinâmicas mais profundas.

Descrição da Sessão de Constelação Familiar

Preparação e Configuração:

- **Início da Sessão:** O terapeuta inicia a sessão explicando o processo de constelação familiar e como ele pode revelar dinâmicas ocultas que influenciam os relacionamentos.

- **Seleção de Representantes:** O casal escolhe representantes para si mesmos e para outros membros da família significativos, incluindo a mãe do marido.

Revelação das Dinâmicas:

- **Posicionamento Inicial:** O representante do marido é colocado no centro, com sua esposa e mãe em lados opostos. Inicialmente, o representante do marido olha para a representante da mãe, ilustrando a forte ligação.

- **Exploração das Dinâmicas:** O terapeuta observa e questiona os representantes sobre seus sentimentos e percepções em suas posições. O representante do marido expressa um sentimento de obrigação e proteção em relação à figura da mãe.

Identificação das Lealdades Inconscientes:

- **Dinâmica Mãe-Marido:** Revela-se que o marido, inconscientemente, compara sua esposa com sua mãe dominante. A mãe, sendo uma figura dominante e protetora, deixou uma impressão de que as mulheres em sua vida precisam ser "gerenciadas" e protegidas.

- **Impacto no Relacionamento Conjugal:** Essa lealdade inconsciente cria uma tensão no casamento, pois o marido tenta inconscientemente impor um papel semelhante à sua esposa, o que causa conflito e distanciamento.

Intervenção Terapêutica:

- **Reposicionamento e Declarações:** O terapeuta guia o representante do marido a se voltar mais para a esposa e a expressar declarações de compromisso e distinção entre ela e sua mãe, como "Eu escolho você como minha parceira, e você é diferente da minha mãe".

- **Liberação de Lealdades:** O representante do marido também faz declarações de liberação de lealdade à mãe, por exemplo, "Eu honro você como minha mãe, mas eu sou seu filho, não seu parceiro".

Resolução e Encerramento:

- **Mudanças Finais:** O terapeuta facilita um diálogo final onde os representantes expressam como se sentem após as mudanças. O representante do marido sente-se aliviado e mais próximo da esposa.

- *Feedback* **dos Constelados:** O casal real discute como se sente após a sessão, expressando uma nova compreensão e esperança para mudanças positivas em seu relacionamento.

Follow-Up:

Sessões de Acompanhamento: O casal continua trabalhando com o terapeuta para reforçar as novas dinâmicas e garantir que as mudanças sejam sustentáveis. Sessões de *follow-up* focam fortalecer a comunicação e resolver quaisquer novos desafios que surgem.

Conclusão do Estudo de Caso:

Esse caso ilustra como as constelações familiares podem ser uma ferramenta poderosa para revelar e tratar lealdades e dinâmicas inconscientes que impactam os relacionamentos. Ao trazer esses fatores à luz e trabalhá-los diretamente, o casal ganhou *insights* valiosos e ferramentas para melhorar seu relacionamento de maneira significativa e duradoura.

Exemplos Práticos:

Reconciliação Familiar: Um exemplo de como uma sessão de constelação foi usada para resolver ressentimentos de longa data entre irmãos, revelando e tratando a influência de padrões parentais e expectativas familiares.

Seção 2: Constelações Familiares e Saúde

Teoria e Fundamentos:

Discute como as doenças físicas e mentais podem ser vistas como manifestações de traumas e conflitos familiares transgeracionais. As constelações familiares buscam identificar e tratar essas raízes, oferecendo uma perspectiva mais ampla sobre a saúde, além do tratamento médico convencional.

Introdução:

As constelações familiares proporcionam uma perspectiva profunda sobre como as doenças físicas e mentais podem estar enraizadas em traumas e conflitos familiares transgeracionais. Esta abordagem holística transcende os métodos convencionais de tratamento médico ao revelar e resolver as dinâmicas ocultas que podem influenciar a saúde de um indivíduo.

Fundamentos Teóricos:

Origens Transgeracionais de Doenças:

- **Histórico Familiar:** As constelações familiares partem do princípio de que muitas doenças físicas e mentais não são meramente individuais, mas sim manifestações de traumas e conflitos não resolvidos que se perpetuam ao longo das gerações.

- **Exemplos Clássicos:** Problemas crônicos como depressão, ansiedade, doenças autoimunes e até certos tipos de câncer são frequentemente explorados através deste prisma, revelando conexões surpreendentes com experiências adversas de antepassados.

A Influência do Sistema Familiar:

- **Dinâmicas Ocultas:** O indivíduo é visto como parte de um sistema familiar maior, no qual as doenças podem ser a expressão de dinâmicas ocultas, como segredos, exclusões, injustiças, ou traumas antigos.

- **Papéis e Identificações:** Muitas vezes, sem consciência disso, um indivíduo pode assumir papéis ou enfermidades como uma forma de pertencimento ou lealdade ao sistema familiar. Por exemplo, uma criança pode inconscientemente "assumir" uma condição de saúde mental de um parente para manter a continuidade do sistema familiar ou para trazer à tona um problema não resolvido.

Processo de Constelação para Saúde

Identificação das Raízes da Doença

Durante uma sessão de constelação, o facilitador pode pedir ao constelados que escolha representantes para diferentes membros da família e para a doença em si. A interação entre esses representantes pode revelar *insights* significativos sobre as origens emocionais ou sistêmicas da condição.

O posicionamento e as reações dos representantes podem indicar onde estão as tensões e os alívios dentro do sistema familiar, apontando para caminhos de cura ou compreensão.

Intervenções Terapêuticas:

Através de diálogos e posicionamentos estratégicos dos representantes, o facilitador trabalha para resolver os conflitos e harmonizar as relações dentro do sistema. Isso pode envolver simular reconciliações, expressar sentimentos anteriormente reprimidos ou reconhecer membros esquecidos ou excluídos da família.

A resolução dessas questões pode, por sua vez, permitir que o constelados se liberte de cargas emocionais ou físicas, proporcionando um caminho para a recuperação da saúde.

Conclusão:

As constelações familiares oferecem uma visão ampla sobre a saúde, reconhecendo que as doenças físicas e mentais podem ser mais do que simples condições isoladas; elas podem refletir as histórias e as dores de um sistema familiar mais amplo. Ao tratar essas raízes profundas, as constelações familiares não só ajudam a aliviar os sintomas, mas também promovem uma cura mais integrativa e holística, reforçando a ideia de que a saúde de um indivíduo é intrinsecamente ligada à saúde de seu sistema familiar. Este enfoque desafia e expande os paradigmas tradicionais de tratamento, abrindo novos caminhos para o entendimento e a gestão da saúde em um contexto mais abrangente e profundamente conectado.

Aplicações Práticas:

Estudo de Caso: Questões de Saúde Crônica - Detalha a história de uma mulher com problemas crônicos de saúde que, através das constelações, descobre uma conexão entre seus sintomas e um trauma antigo na família relacionado à perda de um ente querido durante a guerra.

Estudo de Caso de Questões de Saúde Crônica

Contexto do Caso: Uma mulher, chamada Ana, sofrendo de uma série de problemas crônicos de saúde, como fadiga persistente, dores inexplicáveis e distúrbios do sono, procurou ajuda através das constelações familiares depois de anos de tratamentos médicos convencionais sem melhoras significativas.

Descrição Detalhada da Sessão de Constelação Familiar:

Preparação e Abordagem Inicial:

- **Contextualização:** Ana compartilhou sua frustração com a falta de progresso no tratamento de seus sintomas, que significativamente limitavam sua qualidade de vida.

- **Configuração da Constelação:** O terapeuta sugeriu uma constelação familiar para explorar possíveis conexões entre os sintomas de Ana e as dinâmicas ocultas de sua família.

Descoberta de Conexões Transgeracionais:

- **Seleção de Representantes:** Ana escolheu representantes para si mesma, seus pais, avós, e um representante para "a guerra", indicando a influência dessa experiência no sistema familiar.

- **Posicionamento Inicial e Reações:** Os representantes foram posicionados em um círculo, com Ana frente a frente com o representante da guerra. Aproximando-se do representante da guerra, o representante de Ana começou a expressar um sentimento de profunda tristeza e peso.

Revelação do Trauma Familiar:

- **Expressão de Trauma:** Através da interação entre os representantes, veio à tona que o avô de Ana tinha sido um soldado, perdendo muitos companheiros e sofrendo profundamente durante um conflito bélico.

- **Impacto Transgeracional:** O trauma não resolvido do avô, nunca falado na família, parecia ter sido inconscientemente herdado por Ana, manifestando-se através de seus sintomas físicos.

Intervenção e Processo de Cura:

- **Reconhecimento do Trauma:** O terapeuta guiou o representante de Ana a verbalizar um reconhecimento do sofrimento do avô, expressando respeito e gratidão por seus sacrifícios e sofrimentos.

- **Desvinculação dos Sintomas:** Ana foi encorajada a "devolver" o trauma ao seu avô, reconhecendo que, embora sua dor fosse real e profunda, não lhe pertencia carregar. Isso foi simbolizado por um gesto físico de passar uma pedra (simbolizando o trauma) de volta ao representante do avô.

Resolução e Encerramento:

- **Mudança nos Representantes:** Após a intervenção, os representantes reportaram uma sensação de alívio e leveza. O representante de Ana sentiu uma redução significativa na tensão e dor simbólica.

- *Feedback* **de Ana:** Ana expressou uma nova compreensão de suas condições de saúde e uma sensação de paz, percebendo uma diminuição em seus sintomas nas semanas seguintes à constelação.

Follow-Up:

- **Integração da Sessão:** Ana continuou a trabalhar com o terapeuta para integrar as descobertas da sessão em sua vida, usando técnicas de terapia de conversa e práticas de *mindfulness* para ajudar a manter seu equilíbrio emocional e físico.

- **Revisões Futuras:** Sessões de acompanhamento foram agendadas para reavaliar a saúde de Ana e ajustar quaisquer novas dinâmicas que surgissem.

Conclusão do Estudo de Caso:

Este caso ilustra o poder das constelações familiares em identificar e resolver influências ocultas que podem manifestar-se como doenças físicas. Ao abordar e curar os traumas transgeracionais, Ana foi capaz de iniciar um processo de cura verdadeiro, proporcionando um alívio notável de seus sintomas crônicos e melhorando significativamente sua qualidade de vida.

Exemplos Práticos:

- **Superação de Transtornos Alimentares:** Apresentação de um caso onde a constelação familiar ajudou um jovem a compreender e superar um transtorno alimentar, revelando que este comportamento era uma identificação inconsciente com uma tia que morrera jovem e cuja morte nunca foi adequadamente lamentada pela família.

- **Exemplos Práticos:** Superação de Transtornos Alimentares Através das Constelações Familiares.

Introdução ao Caso:

Este exemplo prático detalha como um jovem, chamado Carlos, utilizou as constelações familiares para abordar e superar um transtorno alimentar. Durante a constelação, revelou-se que seu comportamento alimentar estava profundamente conectado a uma identificação inconsciente com uma tia que morreu jovem e cuja morte nunca foi adequadamente lamentada pela família.

Passo a Passo da Sessão de Constelação Familiar:

Preparação:

1. **Construção de Confiança:** O terapeuta começa a sessão estabelecendo um ambiente seguro e acolhedor, explicando como a constelação familiar pode ajudar Carlos a explorar as raízes de seu transtorno alimentar.

2. **Escolha de Representantes:** Carlos é convidado a escolher representantes para si mesmo, para sua tia e para outros membros familiares relevantes.

Configuração Inicial:

3. **Posicionamento dos Representantes:** Carlos posiciona os representantes no espaço. O representante de Carlos é colocado de frente para a representante da tia, e os outros membros da família são posicionados ao redor deles.

4. **Observação das Dinâmicas Iniciais:** O terapeuta observa as interações iniciais, notando qualquer dinâmica significativa ou emoções expressas pelos representantes.

Exploração das Conexões e Emoções:

5. **Expressão dos Representantes:** O representante de Carlos expressa uma forte sensação de tristeza e vazio, enquanto o da tia mostra sinais de isolamento e tristeza não resolvida.

6. **Identificação de Padrões:** É revelado que a tia de Carlos sofreu de problemas alimentares similares, e sua morte prematura foi um evento que causou grande dor emocional que nunca foi abertamente processada pela família.

Intervenção Terapêutica:

7. **Reconhecimento e Aceitação:** O terapeuta guia o representante de Carlos para reconhecer e aceitar a dor da tia, permitindo-lhe expressar verbalmente o luto não resolvido, como dizer "Eu vejo sua dor e a dor que nossa família carrega".

8. **Desvinculação de Padrões:** Carlos é encorajado a expressar declarações de separação de sua identificação com a tia, por exemplo, "Eu escolho viver minha vida, enquanto honro sua memória sem carregar sua dor".

Rearranjo e Resolução:

9. **Movimento dos Representantes:** O terapeuta rearranja os

representantes, trazendo o representante de Carlos para uma posição que simboliza uma nova perspectiva de vida, mais saudável e autônoma.

10. **Declarações de Cura:** Carlos e a representante da tia expressam declarações de cura e libertação, reforçando a nova dinâmica emocional e a superação dos padrões antigos.

Encerramento e Reflexão:

11. *Feedback* **dos Participantes:** Carlos e os representantes compartilham como se sentem após a reconfiguração. Carlos relata sentir-se mais leve e com uma nova compreensão de seu transtorno alimentar.

12. **Discussão de Passos Futuros:** O terapeuta discute com Carlos como ele pode aplicar os *insights* ganhos na sessão em sua vida diária e recomenda acompanhamento terapêutico contínuo para consolidar as mudanças e apoiar sua recuperação.

Conclusão do Estudo de Caso:

Esse caso ilustra o poder das constelações familiares em desvendar as conexões ocultas e tratar as raízes emocionais de comportamentos como os transtornos alimentares. Ao reconhecer e processar o luto não resolvido e desvincular-se dos padrões familiares nocivos, Carlos conseguiu dar passos significativos em direção à recuperação e a uma vida mais saudável.

Encerramento do Capítulo:

Este capítulo demonstrou como as constelações familiares podem ser aplicadas com sucesso para resolver problemas complexos em relacionamentos e questões de saúde. Ao abordar as raízes profundas dos problemas, as constelações oferecem soluções que não apenas aliviam sintomas, mas também restauram a harmonia e o equilíbrio dentro da estrutura familiar, promovendo uma cura duradoura e significativa.

Reflexão Final: Encorajamos os leitores a considerar essas técnicas como complementos valiosos aos métodos terapêuticos tradicionais, abrindo novos caminhos para o bem-estar e a felicidade. A jornada através das constelações familiares é profunda e transformadora, oferecendo a cada indivíduo a chance de reconectar-se não apenas com sua família, mas com sua própria vida de maneira mais plena e saudável. As constelações familiares representam uma ponte valiosa entre as abordagens terapêuticas tradicionais e as necessidades emergentes de tratamentos holísticos e integrativos. Esta modalidade não só complementa as técnicas convencionais, mas também oferece um novo paradigma para entender e curar desequilíbrios emocionais e físicos.

Integração com Terapias Convencionais:

As constelações familiares podem ser utilizadas em conjunto com a Terapia Cognitivo-Comportamental, Psicoterapia, e até mesmo com tratamentos médicos para distúrbios crônicos. Esta integração permite que os terapeutas tenham um conjunto mais amplo de ferramentas para abordar os sintomas e também as causas profundas dos problemas de seus constelados.

Abertura de Novos Caminhos para o Bem-Estar:

Ao revelar e resolver conflitos e traumas transgeracionais, as constelações familiares ajudam os indivíduos a entenderem melhor suas próprias histórias e a encontrarem caminhos para a cura que antes pareciam inacessíveis. Esta abordagem promove uma maior consciência de como as histórias familiares moldam nossas vidas, abrindo novas possibilidades para o bem-estar e a felicidade.

Transformação Profunda:

A jornada através das constelações familiares é muitas vezes descrita como transformadora. Participar de uma constelação pode alterar profundamente a percepção que uma pessoa tem de si mesma e de sua família, levando a mudanças significativas na maneira como ela se relaciona consigo mesma e com os outros.

Reconexão com a Vida:

Através das constelações, indivíduos têm a oportunidade de se reconectar não apenas com membros de sua família, mas também com suas próprias vidas de uma maneira mais plena e saudável. Este processo pode liberar energia bloqueada e promover uma sensação de liberdade e renovação.

Encorajamento aos Leitores:

Como leitores interessados na melhoria da saúde emocional e física, encorajamos você a considerar as constelações familiares como um complemento valioso ao seu caminho terapêutico. Se você está buscando soluções para conflitos persistentes, sintomas inexplicáveis ou simplesmente deseja uma compreensão mais profunda de sua narrativa pessoal e familiar, esta abordagem pode oferecer *insights* profundos e soluções duradouras.

Chamada à Ação:

Convidamos você a explorar as constelações familiares, seja participando de *workshops*, lendo mais sobre o tema, ou procurando um terapeuta especializado. Abra-se para esta jornada de descoberta e cura, e veja por si mesmo como as dinâmicas familiares ocultas podem estar influenciando sua vida e como você pode transformar essas influências em fontes de força e renovação.

Conclusão

Ao incorporar as constelações familiares em seu processo de cura, além de tratar sintomas, você está também fazendo um investimento em sua saúde a longo prazo e em seu bem-estar geral. Esta abordagem oferece uma perspectiva enriquecedora que pode iluminar o caminho para uma vida mais consciente e harmoniosa.

CAPÍTULO 4:

NAVEGAÇÃO ÉTICA E RESPONSÁVEL

Discussão sobre ética na prática das constelações sistêmicas.

Exploração das últimas tendências e técnicas avançadas para o aprimoramento profissional.

Introdução ao Capítulo

Este capítulo aborda a importância da ética na prática das constelações sistêmicas, discutindo princípios fundamentais que devem orientar os profissionais. Além disso, explora as últimas tendências e técnicas avançadas que podem contribuir para o aprimoramento profissional, assegurando que os praticantes não apenas atendam, mas superem as expectativas éticas em seus trabalhos.

1. Ética na Prática das Constelações Sistêmicas:

Princípios Éticos Fundamentais:

1. **Confidencialidade:** Garantir a privacidade e a segurança das informações compartilhadas pelos participantes durante as sessões.

2. **Não Maleficência:** Compromisso em não prejudicar os constelados, evitando práticas que possam causar danos emocionais ou psicológicos.

3. **Beneficência:** Compromisso em promover o bem-estar dos constelados, trabalhando no melhor interesse deles durante as sessões.

4. **Respeito pela Autonomia:** Reconhecer e respeitar a capacidade dos constelados de tomar decisões informadas sobre sua própria vida e participação nas sessões.

5. **Justiça:** Assegurar que os benefícios e os riscos da terapia sejam distribuídos de forma justa, evitando discriminação e preconceitos.

Aspectos Éticos Complexos:

1. **Manipulação de Informações:** Discutir os riscos de interpretar ou manipular informações de forma que possa levar a conclusões errôneas.

2. **Dinâmica de Poder:** Explorar como gerenciar a dinâmica de poder dentro das sessões para evitar a coerção ou influência indevida sobre os participantes.

2. Exploração das Últimas Tendências e Técnicas Avançadas:

Novas Abordagens e Ferramentas:

- **Tecnologia e Constelações:** Integração de tecnologias, como *softwares* de mapeamento e realidade virtual, para aprimorar a prática das constelações sistêmicas.

- **Técnicas Interdisciplinares:** Combinar constelações sistêmicas com outras modalidades terapêuticas, como *mindfulness* e Terapia Cognitivo-comportamental, para enriquecer a prática e os resultados.

Formação e Desenvolvimento Contínuo:

- **Educação Continuada:** A importância de cursos de atualização e certificação contínua para manter-se atualizado com as novas teorias e práticas.

- **Supervisão e Mentoria:** A relevância da supervisão regular e da mentoria no desenvolvimento profissional e na garantia da integridade prática.

3. Casos de Estudo e Análises:

1. **Análise de Casos Reais:** Discussão de casos reais em que a ética foi um componente crucial, destacando as decisões tomadas e suas repercussões.

2. **Lições Aprendidas:** Extração de lições de casos complexos para ilustrar como os desafios éticos foram enfrentados e superados.

Conclusão

Este capítulo não apenas sublinha a importância da ética na prática das constelações sistêmicas, mas também motiva os praticantes a perseguirem a excelência e a integridade em seu trabalho. Através da exploração de novas tendências e técnicas, os profissionais são encorajados a expandir seus conhecimentos e habilidades, garantindo que sua prática seja eficaz e profundamente respeitosa e benéfica para todos os envolvidos.

Chamada à Ação

Encorajamos todos os praticantes a refletir sobre suas práticas atuais, buscar educação contínua e estar sempre atentos às necessidades e ao bem-estar de seus constelados, garantindo que a ética permaneça no coração de todas as suas intervenções terapêuticas.

Para expandir ainda mais sobre a discussão de ética e aprimoramento profissional na prática das constelações sistêmicas, podem-se considerar vários outros aspectos que são essenciais para uma prática responsável e eficaz.

Vamos explorar mais algumas áreas críticas.

Reflexão sobre Responsabilidade Legal e Profissional

Normas Legais e Éticas:

- **Conformidade Legal:** É vital que os praticantes estejam cientes das leis e regulamentações locais que governam a prática terapêutica. Isso inclui regulamentações sobre privacidade, consentimento informado e requisitos de licenciamento.

- **Diretrizes Éticas Profissionais:** Praticantes devem aderir às diretrizes éticas estabelecidas por organizações profissionais relevantes, que fornecem *frameworks* para a conduta ética e o tratamento de dilemas éticos comuns na prática.

Aprofundamento no Consentimento Informado

Transparência e Comunicação:

- **Processo de Consentimento:** Os praticantes devem garantir que todos os participantes entendam completamente o que as constelações sistêmicas envolvem, incluindo potenciais riscos e benefícios, antes de consentirem em participar.

- **Atualizações Contínuas:** O consentimento deve ser um processo contínuo, com praticantes mantendo os participantes informados e reavaliando seu consentimento conforme novas informações ou técnicas são introduzidas.

Considerações Culturais na Prática das Constelações Sistêmicas

Sensibilidade e Inclusão Cultural:

- **Diversidade Cultural:** Praticantes devem estar cientes e respeitosos das diferentes culturas e contextos sociais dos participantes, adaptando as práticas para serem culturalmente sensíveis e relevantes.

- **Treinamento Intercultural:** Encoraja-se que praticantes busquem treinamento e educação para melhor entender e incorporar perspectivas culturais diversas em sua prática.

Uso de Dados e Pesquisas para Aprimorar Práticas

Incorporação de Evidências Científicas:

- **Base de Evidências:** Fomentar a prática baseada em evidências, integrando pesquisas científicas atuais sobre constelações sistêmicas e terapias relacionadas para aprimorar a eficácia e a segurança das intervenções.

- **Contribuições para Pesquisa:** Praticantes são encorajados a contribuir para a pesquisa em constelações sistêmicas, seja através da participação em estudos, publicação de resultados de casos ou colaboração com instituições acadêmicas.

Promovendo o Desenvolvimento Profissional Contínuo

Crescimento e Aprendizado Contínuos:

- **Desenvolvimento de Habilidades:** Além de cursos e certificações, praticantes devem buscar oportunidades para desenvolver habilidades através de *workshops*, conferências e seminários, mantendo-se atualizados com as mais recentes técnicas e teorias.

- **Redes de Apoio Profissional:** Criar e manter uma rede de apoio profissional através de associações profissionais e grupos de estudo pode ser crucial para o desenvolvimento contínuo e a troca de conhecimentos e experiências.

Conclusão Adicional

A ética na constelação sistêmica não é apenas sobre seguir regras, mas sobre cultivar uma prática que honre e respeite a dignidade e a integridade de cada indivíduo. Ao abordar estes aspectos adicionais, praticantes podem não só melhorar suas habilidades e conhecimentos, mas também garantir que estão proporcionando um ambiente seguro e de suporte para todos os participantes.

Aqui está um exemplo de Código de Ética Profissional para Terapeutas Consteladores Sistêmicos. Este código visa estabelecer padrões claros de conduta ética para garantir a integridade, responsabilidade e qualidade da prática das constelações sistêmicas.

Código de Ética Profissional do Terapeuta Constelador Sistêmico

Preâmbulo

Este Código de Ética Profissional estabelece diretrizes para todos os Terapeutas Consteladores Sistêmicos comprometidos com a excelência, respeito e integridade em sua prática. O código é projetado para proteger a dignidade e o bem-estar de todos os participantes das sessões, promovendo uma prática ética que respeita as diferenças individuais, culturais e sociais.

1. Compromisso com a Integridade Profissional

1.1 Manter os mais altos padrões de integridade e profissionalismo em todas as interações.

1.2 Continuar o desenvolvimento profissional e manter-se informado sobre as práticas e teorias relevantes para melhor servir aos participantes.

2. Respeito pela Dignidade do Constelados

2.1 Tratar cada constelados com o máximo respeito e consideração, independentemente de raça, religião, gênero, orientação sexual, idade, condição de saúde, nacionalidade ou crenças políticas.

2.2 Respeitar a autonomia e a liberdade de escolha do constelados, nunca forçando uma perspectiva ou interpretação durante as sessões.

3. Confidencialidade e Privacidade

3.1 Garantir a confidencialidade das informações compartilhadas pelos constelados, exceto quando legalmente obrigado a divulgar.

3.2 Discutir com os constelados as políticas de confidencialidade e obter consentimento informado antes de iniciar as sessões.

4. Competência Profissional

4.1 Fornecer serviços apenas nas áreas em que possui competência certificada e formação adequada.

4.2 Encaminhar constelados a outros profissionais qualificados quando o problema estiver fora do âmbito de sua prática ou competência.

5. Relacionamentos Profissionais Apropriados

5.1 Manter relacionamentos profissionais apropriados com

constelados, evitando relações pessoais que possam comprometer a eficácia terapêutica.

5.2 Abster-se de explorar relações com constelados para vantagens pessoais, financeiras ou outras.

6. Responsabilidade para com a Comunidade e a Sociedade

6.1 Promover o bem-estar da comunidade e contribuir para a educação do público sobre os benefícios das constelações sistêmicas.

6.2 Engajar-se em práticas que promovam a justiça social e o respeito pelas diversas culturas e comunidades.

7. Uso Ético das Técnicas

7.1 Utilizar técnicas de constelação sistêmica de maneira ética e responsável, assegurando que sejam aplicadas de maneira segura e eficaz.

7.2 Evitar prometer curas ou resultados garantidos, reconhecendo a complexidade de cada caso.

8. Resolução de Conflitos Éticos

8.1 Em caso de conflitos éticos, buscar aconselhamento ou supervisão de colegas ou supervisores qualificados.

8.2 Resolver quaisquer disputas ou desafios éticos de maneira profissional e transparente.

Conclusão

Este código é um compromisso vivo que cada Terapeuta

Constelador Sistêmico assume para assegurar a integridade e a eficácia de sua prática. É esperado que todos os terapeutas revisem e reflitam sobre essas diretrizes regularmente e as integrem em sua prática diária.

Capítulo 5:

Os Setênios e a Constelação Familiar

A Teoria dos Setênios foi desenvolvida por Rudolf Steiner, o fundador da Antroposofia e da Pedagogia Waldorf, e é baseada na ideia de que a vida humana se desenvolve em ciclos de sete anos, chamados setênios. Cada fase de sete anos traz mudanças significativas no desenvolvimento físico, emocional, mental e espiritual do indivíduo. Esses ciclos não só afetam a vida pessoal e familiar, mas também influenciam o crescimento e a evolução no campo social e profissional. Steiner associou cada setênio a diferentes tarefas, desafios e aspectos do desenvolvimento humano.

Os Setênios de Rudolf Steiner:

1º Setênio (0 a 7 anos):
A construção do corpo físico

Características: Este é o período mais intenso do crescimento físico. A criança está formando seu corpo físico, adaptando-se ao mundo material e aprendendo a andar, falar e pensar.

Desafios: Proteção e cuidados são fundamentais, pois o corpo da criança é frágil e ainda em desenvolvimento. A criança aprende principalmente através da imitação.

Foco: O desenvolvimento físico e o aprendizado através do ambiente e do movimento.

Papel dos Pais e Educadores: Criar um ambiente seguro, amoroso e estimulante. A educação deve ser baseada em exemplos, já que as crianças absorvem tudo ao seu redor.

2º Setênio (7 a 14 anos):
O desenvolvimento emocional e o corpo etérico

Características: Nesse período, as crianças começam a desenvolver o seu corpo etérico, associado às emoções, energia vital e crescimento. A imaginação e o aprendizado através de histórias tornam-se importantes.

Desafios: A criança está muito ligada ao seu emocional e à fantasia, precisando de adultos que inspirem confiança e guiamento.

Foco: Educação emocional e o desenvolvimento da imaginação. A criança ainda não está totalmente voltada para o raciocínio lógico, mas para a experiência sensorial e criativa.

Papel dos Pais e Educadores: Oferecer um modelo moral e ético, e permitir que a criança explore o mundo através da criatividade, sem pressões intelectuais rigorosas.

3º Setênio (14 a 21 anos):
O desenvolvimento da identidade e o corpo astral

Características: É a fase da adolescência e da formação da individualidade. O corpo astral, relacionado aos sentimentos e impulsos, começa a amadurecer. É um período de busca por identidade, desafios emocionais e desejos de independência.

Desafios: O adolescente busca romper com a autoridade e descobrir sua própria essência. As emoções são intensas, e há uma necessidade de encontrar um propósito e significado.

Foco: Autoconhecimento, busca por valores próprios e definição da identidade.

Papel dos Pais e Educadores: Fornecer orientação, apoio emocional e estímulo à autonomia, respeitando a necessidade de espaço para descobertas e erros.

4º Setênio (21 a 28 anos):
A construção social e o desenvolvimento do "Eu"

Características: Esse é o período da vida adulta jovem, marcado por escolhas pessoais, profissionais e sociais. É o momento de afirmação no mundo e de consolidar o "eu" interior.

Desafios: Fazer escolhas importantes sobre carreira, relacionamentos e propósito de vida. O indivíduo busca concretizar seus sonhos e alinhar o desejo pessoal com a realidade social.

Foco: Afirmação da individualidade e responsabilidade social. É o momento de começar a estruturar a vida pessoal e profissional.

Papel na Sociedade: Tomada de decisões conscientes sobre a vida, carreira e relações. Responsabilidade e compromisso com o mundo externo.

5º Setênio (28 a 35 anos):
Autonomia e maturidade emocional

Características: Nesse setênio, a pessoa se aprofunda em suas escolhas e começa a consolidar seu papel na sociedade. A maturidade emocional se desenvolve, e há uma busca por estabilidade.

Desafios: Equilibrar a vida pessoal e profissional, lidar com crises de identidade e repensar as escolhas feitas até então.

Foco: Maturidade emocional e estabilidade nas decisões. O indivíduo busca um sentido mais profundo nas realizações e relacionamentos.

Papel na Sociedade: Exercício pleno da profissão e compromisso com as relações familiares e sociais.

6º Setênio (35 a 42 anos):
O confronto com o "eu interior"

Características: Esta fase é marcada por um processo de autorreflexão e confronto com o "eu interior". É comum que as pessoas revisitem suas escolhas e questionem seus objetivos de vida.

Desafios: Lidar com crises existenciais, buscar mais autenticidade e encontrar um equilíbrio entre a vida interna e a externa.

Foco: Aprofundamento espiritual e pessoal, revisão de metas e objetivos de vida.

Papel na Sociedade: As pessoas tendem a se tornar mais sábias e introspectivas, buscando equilíbrio e integridade pessoal.

7º Setênio (42 a 49 anos):
Sabedoria e renovação

Características: Esse é um período de maior consciência das conquistas e das limitações. O indivíduo começa a aceitar seu lugar no mundo, reconhecendo suas contribuições e as responsabilidades adquiridas.

Desafios: Aceitar as mudanças que vêm com a idade, lidar com perdas e abraçar o conceito de renovação.

Foco: Sabedoria e aceitação de si mesmo e dos outros. É um momento de reavaliar prioridades e dar mais valor à qualidade de vida.

Papel na Sociedade: Compartilhar experiências e conhecimento adquirido com os mais jovens.

8º Setênio (49 a 56 anos): Expansão espiritual e aceitação

Características: É um período de expansão espiritual, quando as pessoas tendem a se conectar mais profundamente com o seu propósito de vida e seu lugar no mundo.

Desafios: Lidar com as limitações físicas e a aproximação do envelhecimento, mantendo um sentido de propósito.

Foco: Conexão espiritual, sabedoria e aceitação das limitações da vida.

Papel na Sociedade: Aconselhamento e mentoria para as gerações mais jovens, contribuindo para a continuidade do conhecimento.

9º Setênio (56 a 63 anos e além): Legado e transcendência

Características: Nesse período, o foco está em transmitir a sabedoria acumulada e lidar com o processo de envelhecimento e a transição para uma fase mais contemplativa da vida.

Desafios: Aceitar o fim das fases ativas da vida e focar o legado que será deixado.

Foco: Transcendência, aceitação da finitude e reflexão sobre o significado da vida.

Papel na Sociedade: O indivíduo age como um guia ou conselheiro, transmitindo suas experiências e sabedoria para as gerações mais jovens.

Importância da Teoria dos Setênios

A Teoria dos Setênios ajuda a entender o desenvolvimento humano de maneira holística, integrando aspectos físicos, emocionais, sociais e espirituais. Ela oferece uma estrutura para que os indivíduos e os terapeutas possam compreender melhor as fases da vida e os desafios que cada uma traz, permitindo um desenvolvimento mais consciente e equilibrado. Essa teoria também destaca a importância de cada fase da vida, mostrando que todas elas têm um papel essencial no desenvolvimento pleno do ser humano.

A Teoria dos Setênios de Rudolf Steiner oferece uma compreensão profunda sobre o desenvolvimento humano em ciclos de sete anos, abordando aspectos físicos, emocionais, mentais e espirituais ao longo da vida. Para o Terapeuta Constelador Sistêmico, essa teoria é uma ferramenta valiosa, pois ajuda a contextualizar os processos de vida dos clientes dentro de uma visão mais ampla e sistêmica, fornecendo *insights* sobre como as fases da vida impactam as dinâmicas familiares e os padrões de comportamento.

A seguir, estão os motivos pelos quais é importante o terapeuta constelador aprender sobre a Teoria dos Setênios:

1. Compreensão das Fases de Desenvolvimento

- **Visão Sistêmica:** A Teoria dos Setênios oferece ao terapeuta uma visão clara das diferentes fases da vida, cada uma com seus desafios e oportunidades. Ao compreender as necessidades e os dilemas que surgem em cada fase, o terapeuta pode adaptar sua abordagem para alinhar-se com as questões mais relevantes para o cliente em sua idade ou estágio de vida.

- **Apoio Personalizado:** Através do entendimento de que cada fase traz questões específicas (como crises de identidade na adolescência ou questionamentos existenciais após os 40 anos), o terapeuta pode apoiar o cliente de forma mais personalizada, oferecendo intervenções adequadas para cada estágio.

2. Identificação de Padrões Transgeracionais

- **Heranças Emocionais e Culturais:** A teoria ajuda o terapeuta a identificar padrões transgeracionais e como certos traumas ou padrões de comportamento são repetidos ao longo dos setênios na mesma família. Por exemplo, uma crise enfrentada por um cliente na faixa dos 35 a 42 anos pode estar conectada a um evento semelhante vivido por seus pais ou avós na mesma fase de vida.

- **Intervenções Mais Eficazes:** Ao trabalhar com constelações familiares, o terapeuta pode perceber que certos comportamentos ou traumas emergem em setênios específicos e ajudar o cliente a resolver essas questões de forma mais direta, por meio do reconhecimento desses ciclos repetitivos.

3. Reconhecimento de Crises de Vida

- **Apoio nas Crises Existenciais:** A Teoria dos Setênios destaca momentos de crise natural no desenvolvimento, como as transições de adolescência (14 a 21 anos) ou a "crise da meia-idade" (42 a 49 anos). Ao entender que essas crises fazem parte de um ciclo natural de desenvolvimento, o terapeuta pode oferecer suporte ao cliente para que ele navegue por esses momentos de forma mais consciente e construtiva.

- **Prevenção e Orientação:** Para os clientes que estão prestes a entrar em um novo setênio, o terapeuta pode antecipar desafios e orientar como lidar com esses momentos de transição, promovendo uma melhor preparação emocional e psíquica.

4. Integração com a Constelação Familiar

- **Dinâmicas Familiares ao Longo dos Setênios:** A teoria permite ao terapeuta constelador observar como as dinâmicas familiares mudam ao longo das diferentes fases da vida. Por exemplo, questões de hierarquia e pertencimento podem manifestar-se de forma diferente conforme os membros da família envelhecem e mudam de papel dentro do sistema familiar.

- **Contextualização dos Conflitos:** Ao trabalhar com clientes em constelações, o terapeuta pode entender como determinados conflitos familiares, que parecem desconectados, podem estar relacionados a desafios do desenvolvimento nos diferentes setênios, facilitando a identificação de soluções mais profundas.

5. Facilita o Entendimento das Relações Intergeracionais

- **Diferenças entre Gerações:** A teoria ajuda o terapeuta a compreender como pessoas em diferentes fases da vida experimentam o mundo de maneiras distintas, o que facilita o entendimento de conflitos intergeracionais. Isso é importante ao trabalhar com famílias em constelações, especialmente em casos onde há divergências entre pais e filhos ou entre avós e netos.

- **Ciclos Repetitivos:** O terapeuta pode identificar se certos padrões se repetem em intervalos de sete anos, como problemas de relacionamento, crises profissionais ou questões de saúde, e ajudar o cliente a romper com esses ciclos.

6. Aprofundamento Espiritual e Holístico

- **Visão Integral do Ser Humano:** A Teoria dos Setênios oferece uma abordagem holística, considerando não apenas o corpo físico e emocional, mas também os aspectos espirituais e existenciais do desenvolvimento humano. Isso é alinhado com a visão sistêmica da constelação familiar, que busca integrar todos os níveis do ser para alcançar a cura.

- **Apoio no Crescimento Espiritual:** Para os clientes que buscam um desenvolvimento pessoal e espiritual mais profundo, a teoria oferece uma estrutura clara para entender sua trajetória de vida e seus desafios, permitindo que o terapeuta ofereça suporte em momentos de transformação.

- **Estratégias para Intervenção**

- **Foco nas Necessidades Específicas:** Saber em qual setênio o cliente está permite ao terapeuta direcionar suas intervenções de forma mais eficaz, levando em consideração as necessidades emocionais e psicológicas de cada fase. Por exemplo, um cliente entre 21 e 28 anos pode precisar de apoio para afirmação de sua identidade no mundo, enquanto um cliente entre 49 e 56 anos pode estar focado na busca por propósito e renovação.

- **Promoção do Autoconhecimento:** Ao educar o cliente sobre os ciclos de desenvolvimento, o terapeuta pode ajudá-lo a compreender melhor suas experiências e crises, promovendo autoconhecimento e aceitação das transições naturais da vida.

Conclusão

Para o terapeuta constelador sistêmico, a Teoria dos Setênios é uma ferramenta valiosa que oferece uma perspectiva clara sobre o desenvolvimento humano em fases. Isso permite que o terapeuta entenda melhor as questões trazidas pelos clientes, identifique padrões transgeracionais e interaja de maneira mais eficaz com as dinâmicas familiares e pessoais em cada estágio da vida. Ao integrar essa teoria, o terapeuta pode proporcionar uma abordagem mais ampla e rica, ajudando os clientes a compreender e enfrentar os desafios de cada fase da vida com mais clareza e equilíbrio.

A Teoria dos Setênios de Rudolf Steiner, quando conectada às Três Leis do Amor — pertencimento, hierarquia e equilíbrio —, pode proporcionar uma compreensão mais profunda sobre como essas leis universais se manifestam nas diferentes fases da vida de uma pessoa. A seguir, explicarei como cada setênio pode ser relacionado às três leis fundamentais, conforme surgem desafios e aprendizados em cada ciclo de sete anos.

1º Setênio (0 a 7 anos): Construção do Corpo Físico

- **Pertencimento:** Nesta fase, o foco é a criança encontrar seu lugar no mundo, principalmente dentro de sua família. O pertencimento é estabelecido através da conexão com os pais e familiares, que são os principais responsáveis por prover cuidado, segurança e amor. A criança se sente segura e desenvolve sua identidade ao perceber que pertence ao seu núcleo familiar.

- **Hierarquia:** A hierarquia aqui é representada pela dependência da criança em relação aos pais ou responsáveis. Eles ocupam a posição de autoridade e guias. A criança aprende sobre respeito e ordem ao observar os adultos ao seu redor.

- **Equilíbrio:** O equilíbrio é mantido na relação entre o que a criança recebe (cuidados, afeto, nutrição) e o que ela devolve ao sistema familiar, principalmente através de sua presença e desenvolvimento. O equilíbrio é assegurado ao atender às necessidades da criança sem exageros ou negligências.

2º Setênio (7 a 14 anos): Desenvolvimento Emocional e Imaginativo

- **Pertencimento:** Durante este período, a criança está profundamente ligada ao pertencimento ao sistema escolar e aos grupos de amigos. A família continua a ser seu núcleo principal, mas as interações sociais ampliam o sentido de pertencimento, especialmente ao se envolver com novos grupos e amigos.

- **Hierarquia:** A criança começa a internalizar mais profundamente a ideia de hierarquia, não apenas dentro da família, mas também na escola. Professores e figuras de autoridade ganham importância, e a criança aprende a seguir regras e a respeitar a ordem social.

- **Equilíbrio:** O equilíbrio entre dar e receber está em desenvolvimento. A criança começa a aprender sobre cooperação e reciprocidade nas relações sociais, especialmente na escola. Ela também começa a devolver à família o que recebe, expressando seus sentimentos e contribuindo para a harmonia do ambiente.

3º Setênio (14 a 21 anos): Formação da Identidade e Corpo Astral

- **Pertencimento:** O adolescente muitas vezes desafia o pertencimento familiar, buscando autonomia e identidade própria. A busca de pertencimento em novos grupos — como amigos, atividades sociais e até ambientes educacionais — torna-se mais significativa. O desafio é encontrar esse equilíbrio entre pertencer à família e estabelecer uma identidade própria.

- **Hierarquia:** Durante a adolescência, o jovem frequentemente contesta a hierarquia familiar. Há um impulso natural para questionar a autoridade dos pais e figuras de poder, em busca de sua própria posição no mundo.

- **Equilíbrio:** O equilíbrio entre o dar e o receber pode ser desafiado. O adolescente quer independência, mas ainda depende da família para apoio. As tensões entre ser cuidado e se tornar autônomo fazem parte do processo de aprendizado nesta fase.

4º Setênio (21 a 28 anos): Afirmação Social e Individualidade

- **Pertencimento:** Este é o período em que o indivíduo está buscando seu lugar no mundo. Isso envolve encontrar um sentido de pertencimento no trabalho, em relacionamentos e na sociedade. Muitas vezes, é o momento em que ele começa a formar seu próprio núcleo familiar.

- **Hierarquia:** A hierarquia se manifesta na vida profissional, em que o indivíduo aprende a se posicionar em relação às figuras de autoridade e a estruturar suas próprias relações sociais. Há uma necessidade de reconhecimento de sua posição dentro dos sistemas em que está inserido.

- **Equilíbrio:** O equilíbrio entre dar e receber torna-se evidente nas relações amorosas, no trabalho e na vida em geral. O jovem adulto busca estabilizar-se financeira e emocionalmente, contribuindo para a sociedade, mas também esperando reconhecimento e suporte.

5º Setênio (28 a 35 anos): Consolidação da Maturidade

- **Pertencimento:** A fase adulta se aprofunda na ideia de pertencer, especialmente em termos de carreira, família e sociedade. O indivíduo deseja consolidar seu papel no mundo e ter um senso claro de onde pertence e como contribui.

- **Hierarquia:** Neste ponto, o adulto começa a assumir papéis de liderança, tanto na vida profissional quanto familiar. A hierarquia agora pode se inverter, com ele tornando-se uma figura de autoridade para outros, como filhos ou colegas mais jovens.

- **Equilíbrio:** O equilíbrio entre dar e receber se torna crucial, especialmente nos relacionamentos e no trabalho.

O indivíduo aprende a importância do equilíbrio entre suas responsabilidades profissionais e pessoais, buscando estabilidade e harmonia nas relações interpessoais.

6º Setênio (35 a 42 anos): Aprofundamento Interior

- **Pertencimento:** Este é um período de reflexão sobre o pertencimento ao sistema familiar e social. Muitas vezes, o adulto começa a questionar se está realmente alinhado com os papéis e responsabilidades que assumiu até agora.

- **Hierarquia:** A hierarquia nesta fase é reavaliada, pois o indivíduo pode repensar suas posições de poder e autoridade, tanto na vida pessoal quanto profissional, e até questionar o respeito que deu ou recebeu em sistemas hierárquicos.

- **Equilíbrio:** O equilíbrio entre o dar e receber muitas vezes entra em crise, pois o adulto pode perceber que deu muito em certas áreas de sua vida (como trabalho ou família) e agora busca uma retribuição maior ou um ajuste para alcançar uma vida mais harmoniosa.

7º Setênio (42 a 49 anos): Expansão da Sabedoria

- **Pertencimento:** Aqui, o pertencimento pode expandir-se para algo maior do que a família ou a carreira. O indivíduo começa a refletir sobre sua conexão com a comunidade e o mundo ao seu redor, buscando um sentido mais profundo de pertencimento.

- **Hierarquia:** Nesta fase, a pessoa pode estar ocupando um lugar de destaque em termos de liderança ou orientação, como mentor ou guia. A hierarquia familiar também pode mudar, com filhos se tornando independentes e o indivíduo se preparando para ser um apoio mais distante.

- **Equilíbrio:** O equilíbrio entre o dar e receber torna-se mais evidente em um contexto espiritual e emocional. O foco está em manter a harmonia em suas contribuições ao mundo e no que ele recebe em retorno, buscando um legado.

8º Setênio (49 a 56 anos): Conexão Espiritual

- **Pertencimento:** O sentido de pertencimento começa a se voltar mais para dentro. O indivíduo começa a procurar em que lugar realmente quer pertencer na vida, em um nível espiritual e existencial.

- **Hierarquia:** A hierarquia se manifesta como sabedoria acumulada, com o indivíduo em uma posição de respeito e reverência, tanto na família quanto em contextos sociais.

- **Equilíbrio:** O equilíbrio entre dar e receber está relacionado à sabedoria e à aceitação. O foco é o legado que ele deixará e a harmonia que construiu em suas relações ao longo da vida.

9º Setênio (56 a 63 anos e além): Legado e Transcendência

- **Pertencimento:** O pertencimento nesta fase envolve uma reconexão com o legado familiar e com as futuras gerações. O foco é em como sua vida e suas contribuições serão lembradas e continuarão a impactar os outros.

- **Hierarquia:** O indivíduo agora é visto como uma figura de sabedoria, tanto na família quanto na sociedade. A hierarquia se estabiliza em termos de respeito adquirido ao longo da vida.

- **Equilíbrio:** O equilíbrio se torna espiritual e emocional, centrando-se na aceitação da finitude e no impacto positivo deixado no mundo. A pessoa se vê como parte de algo maior, contribuindo para o ciclo da vida.

Conclusão:

A Teoria dos Setênios aplicada às Leis do Amor permite uma visão ampla de como essas leis — Pertencimento, Hierarquia e Equilíbrio — influenciam o desenvolvimento ao longo da vida. Essa abordagem oferece ao terapeuta constelador uma base sólida para compreender as necessidades e desafios dos clientes em diferentes fases de suas vidas, ajudando a identificar como essas dinâmicas podem estar influenciando a saúde emocional e relacional de cada indivíduo.

CAPÍTULO 6:

GENOGRAMA, PEDAGOGIA SISTÊMICA E CONSTELAÇÃO EMPRESARIAL.

Conheça a utilização do genograma como ferramenta de análise e intervenção nos processos terapêuticos, a aplicação da Pedagogia sistêmica no contexto das constelações, promovendo a compreensão e transformação de padrões familiares e a utilização da constelação empresarial na sua vida.

Um genograma é uma ferramenta gráfica utilizada principalmente por terapeutas, assistentes sociais, geneticistas e pesquisadores para mapear a história familiar de uma pessoa ou família ao longo de várias gerações. É semelhante a um diagrama de árvore genealógica, mas inclui informações detalhadas sobre as relações e as características de saúde ou psicológicas dos membros da família. Ao visualizar essas informações, os profissionais podem identificar padrões comportamentais ou médicos que são passados de uma geração para a outra, auxiliando na identificação de questões sistêmicas ou genéticas.

Elementos Principais de um Genograma

1. Símbolos:

- Indivíduos são representados por símbolos específicos, geralmente círculos para mulheres e quadrados para homens, enquanto outras formas podem representar identidades de gênero não-binárias.

- Linhas conectam os indivíduos indicando diferentes tipos de relações, como casamentos, divórcios ou alianças. Linhas retas representam laços biológicos, enquanto linhas pontilhadas podem indicar adoção ou cuidadores não biológicos.

- Símbolos adicionais podem indicar características como doenças, traços de personalidade, conflitos, conquistas, e outros aspectos relevantes.

2. Relações Familiares:

- Relações verticais e horizontais ilustram conexões entre gerações e entre irmãos, respectivamente.

- Relações conjugais são indicadas por linhas entre parceiros, e variações na linha podem representar a natureza da relação (sólida, interrompida, tensa, etc.).

3. Informações de Saúde:

- Condições médicas e psicológicas são frequentemente incluídas, oferecendo *insights* sobre questões de saúde que podem ter uma base genética ou ambiental.

- Mortes e causas de morte também podem ser registradas para ajudar a identificar riscos de saúde dentro da família.

Usos do Genograma

Diagnóstico e Terapia Familiar:

- **Identificação de padrões:** Genogramas ajudam a reconhecer e entender padrões de comportamento disfuncional, abuso, doenças mentais e outros traços que são perpetuados através das gerações.

- **Terapia:** Usado como uma ferramenta de comunicação em terapia familiar, ajudando os membros da família a entenderem sua própria história e dinâmica familiar.

Pesquisa Médica e Genética:

- **Rastreamento de Doenças Hereditárias:** Genogramas podem ajudar médicos e geneticistas a identificar padrões de hereditariedade de doenças genéticas, contribuindo para o diagnóstico e aconselhamento genético.

Planejamento de Saúde:

- **Prevenção:** Ao identificar riscos de saúde hereditários, indivíduos e famílias podem tomar medidas proativas para monitoramento de saúde e mudanças de estilo de vida.

Educação e Autoconhecimento:

- **Aprendizado sobre a história familiar:** Indivíduos podem usar genogramas para aprender mais sobre suas raízes, identidades e a história por trás de suas famílias.

Criando um Genograma

Ferramentas e Recursos:

Existem *softwares* específicos para a criação de genogramas, como GenoPro, que oferecem funcionalidades avançadas para adicionar uma ampla gama de informações e personalizar o *layout*.

Processo:

- **Coleta de informações:** Reunir informações detalhadas de cada membro da família.
- **Desenho:** Iniciar com a geração mais antiga no topo e avançar para as gerações mais jovens abaixo.

- **Revisão e Análise:** Analisar o genograma para identificar padrões e questões relevantes.

Genogramas são, portanto, uma ferramenta poderosa e versátil para a análise e compreensão da dinâmica e saúde familiar ao longo de gerações.

Passo a Passo para Montar um Genograma

Passo 1: Coletar Informações

- **Inicie com uma entrevista:** Comece coletando informações sobre a família. Isso pode incluir dados sobre nascimentos, casamentos, mortes, e outros eventos importantes. Pergunte sobre relacionamentos, profissões, doenças crônicas, e quaisquer outros dados relevantes.
- **Documente as fontes:** Registre de onde as informações estão vindo, seja de entrevistas, registros familiares, ou documentos históricos.

Passo 2: Decidir o Escopo

- **Determine o alcance:** Decida quantas gerações você deseja incluir. Um genograma típico cobre pelo menos três gerações.
- **Escolha o foco principal:** Se o foco estiver em padrões de saúde, inclua informações médicas detalhadas. Se o foco for relações familiares, concentre-se mais nas dinâmicas e conexões entre os membros.

Passo 3: Desenhar o Genograma

- **Escolha um *software* ou método manual:** Use *software* de genograma, como GenoPro, ou simplesmente papel e caneta.
- **Utilize símbolos padrão:** Refira-se às tabelas de símbolos de genograma para representar gênero, relações, e outras informações pertinentes.

- **Comece pelo fundador:** Comece com a pessoa mais antiga conhecida ou com o "caso índice" (a pessoa que é o foco do genograma) e trabalhe para baixo ou para cima.

- **Adicione os membros da família:** Desenhe cada geração, começando pelos pais do fundador, seus filhos, e assim por diante. Conecte todos com linhas representando casamentos, filhos, etc.

- **Inclua informações relevantes:** Ao lado de cada pessoa, anote detalhes importantes como datas de nascimento/morte, condições médicas, ou traços pessoais.

Passo 4: Analisar Padrões

- **Identifique padrões repetitivos:** Olhe para padrões de saúde, comportamentos, profissões, ou traços que pareçam se repetir.

- **Anote as lealdades e conflitos invisíveis:** Marque quaisquer dinâmicas ocultas ou problemas não resolvidos que o genograma revele.

Passo 5: Utilizar o Genograma

- **Discussão terapêutica:** Use o genograma em contextos terapêuticos para discutir questões e padrões familiares com constelados.

- **Planejamento de saúde familiar:** Utilize o genograma para entender riscos de saúde hereditários e planejar ações preventivas.

Passo 6: Revisão e Atualização

- **Mantenha o genograma atualizado:** À medida que novas informações forem surgindo, atualize o genograma.

- **Revisões periódicas:** Revise o genograma regularmente para refletir mudanças na família ou novas informações.

Dicas Finais:

- Seja sensível ao lidar com informações potencialmente delicadas.

- Mantenha a confidencialidade e o respeito pelas informações compartilhadas.

Criar um genograma pode ser um processo contínuo que se desenvolve à medida que mais informações são coletadas e mais *insights* são ganhos. Este mapa visual não só serve como uma ferramenta de análise, mas também como um documento vivo da história familiar.

A seguir deixo tabelas com os principais símbolos que você utilizará:

Genograma – Tabela 1

Os genogramas são ferramentas gráficas utilizadas para mapear históricos familiares e mostrar as relações e características médicas ou psicológicas dentro de uma família ao longo de várias gerações. Eles utilizam um conjunto padronizado de símbolos para representar pessoas e suas conexões.

Aqui estão tabelas com os símbolos mais comumente utilizados em genogramas e outros símbolos escolhidos por mim para que você possa trazer o maior número de detalhes para seu mapeamento.

Símbolo	Descrição
○	Mulher
□	Homem
◆	Pessoa intersexo
=	Casamento/Parceria
==	Casamento/Parceria (forte/estável)

–	Divórcio
—	Divórcio (conflituoso)
|	Filho(a)
=	Gêmeos idênticos
≡	Gêmeos fraternos
▦	Adoção
†	Morte (linha sobre o símbolo)
⚥	Sexualidade não-binária (opcional)
◣	Pessoa não especificada
⚠	Problema de saúde mental
ẽ	Problema de saúde física
✓	Traço ou doença genética específica
♡	Amor/relação afetuosa
🔥	Relação conflituosa
o	Solteiro/a
∞	Casado/a
o╳o	Separado/a
o–o	Divorciado/a

Notas:

- Linhas verticais ou diagonais entre símbolos indicam relações familiares, por exemplo, entre pais e filhos ou entre irmãos.
- Linhas horizontais representam relacionamentos conjugais ou parcerias.

- Linhas pontilhadas podem representar relacionamentos que não são biológicos, como adoções ou tutores legais.

Símbolos adicionais podem ser customizados ou adicionados conforme necessário para detalhar condições médicas específicas ou outros traços familiares importantes.

Esta tabela pode ser ajustada ou expandida de acordo com as necessidades específicas de cada caso ou estudo em genogramas. A aplicação correta desses símbolos ajuda a visualizar complexas relações familiares de forma clara e eficiente.

Genograma – Tabela 2

Tabela adicional com mais símbolos utilizados em genogramas, focando em representações que podem ser úteis para detalhar aspectos específicos das relações familiares e traços individuais que não foram incluídos na tabela anterior:

Símbolo	Descrição
♿	Deficiência física
🧠	Condição neurológica
💔	Doença cardíaca
🚬	Fumante
🥃	Uso de álcool
💉	Uso de substâncias
🎓	Nível de educação alto
⬣	Infertilidade
🔒	Histórico de encarceramento
🐾	Amante de animais

Símbolo	Significado
$	Problemas financeiros
🎭	Profissão na área artística
🌍	Diversidade étnica ou cultural
⚖️	Envolvimento com a justiça/legal
⚒️	Trabalho manual/trabalhador industrial
💻	Profissional de tecnologia
〜	Portador de doença genética rara
⊘	Infecção crônica (como HIV)
⌛	Envelhecimento ou questões geriátricas
⚕️	Profissional de saúde
🛏️	Doença crônica não especificada
🧘	Prática de *mindfulness* ou espiritualidade
🎨	Habilidades artísticas/culturais destacadas
💬	Terapia psicológica regular

Notas:

- Esses símbolos são ideais para detalhar aspectos específicos do **estilo de vida ou condições de saúde** que podem ser relevantes em análises familiares mais profundas.

- Em genogramas, é importante utilizar símbolos de forma consistente e clara para garantir que o diagrama seja fácil de entender por todos que o visualizam.

- A adição de novos símbolos deve ser acompanhada de legendas ou notas explicativas quando apresentada a um público que pode não estar familiarizado com as convenções utilizadas.

Essa tabela ampliada ajuda a incluir uma variedade maior de informações no genograma, permitindo uma compreensão mais detalhada das influências familiares e individuais em questões de saúde e comportamento.

Genograma – Tabela 3

Tabela com símbolos adicionais usados em genogramas para representar aspectos variados das relações familiares e características individuais, focando em questões sociais, emocionais e outros detalhes específicos que podem ser importantes em análises familiares:

Símbolo	Descrição
🌈	Identidade LGBTQ+
💕	Relação amorosa forte
🔗	Ligação emocional forte
📅	Aniversário ou data importante
🎖	Realização significativa
✈	Emigração ou mudança significativa
⊘	Trauma passado
🧳	Vida nômade ou muitas mudanças
🚻	Mudança de gênero
📚	Aprendizado ou educação contínua
🗣	Ativismo ou envolvimento cívico
⚠	Alerta de saúde (risco iminente)
🔮	Interesse em espiritualidade/ocultismo
☮	Pacifista ou envolvido em paz social

⚡	Energia ou personalidade vibrante
♪♪	Talento musical destacado
🏆	Competitividade ou esportes
🍴	Chef ou talento culinário destacado
🌐	Conexão com diversas culturas
⊕	Profissional de saúde mental
🎨	Envolvimento em artes visuais
🔑	Pessoa chave na família
🌿	Interesse em vida sustentável
🛠	Habilidades de reparo ou construção
🎭	*Hobbies* ou passatempos únicos

Notas adicionais:

- Esses símbolos podem ser especialmente úteis para terapeutas, conselheiros e pesquisadores que estão tentando construir um entendimento mais nuanceado das dinâmicas familiares e traços de personalidade.

- É importante explicar claramente o significado de cada símbolo usado no genograma para assegurar que todos os observadores entendam as informações representadas.

- Essa variedade de símbolos permite a criação de genogramas mais personalizados e detalhados, adequados para explorar diversas áreas da vida e interações familiares.

Esta tabela oferece uma gama ainda mais ampla de símbolos para serem utilizados em genogramas, ajudando a capturar e visualizar informações complexas sobre as famílias de forma clara e eficaz.

Genograma – Tabela 4

Tabela com mais símbolos para genogramas, desta vez incorporando elementos que podem representar condições psicológicas específicas, relacionamentos interpessoais complexos e outros aspectos comportamentais:

Símbolo	Descrição
	Autismo ou outros distúrbios do espectro
	Ciclos repetitivos de comportamento
	Influência sobre crianças
	Dupla personalidade ou traços bipolares
	Segredos ou informações ocultas
	Afastamento ou desligamento familiar
	Relações complexas ou manipulativas
	Turbulência emocional
	Comportamento de risco ou vício
	Sensibilidade ou hiperatividade sensorial
	Mudanças de vida significativas
	Mudança de carreira ou trajetória
	Amor pela natureza ou atividades ao ar livre
	Comunicação dominante ou assertiva
	Objetivos ou aspirações claras
	Cessação de hábitos, como fumar
	História de vida significativa

⚖️	Busca por justiça ou equidade
🧗	Superar desafios significativos
Zzz	Problemas de sono ou insônia
🔄🔒	Padrões de isolamento repetitivo
🧘	Prática de meditação ou ioga
Y	Compromisso com a saúde física
⊘🍷	Abstinência de álcool
🌐🌍	Diversidade cultural ou experiências de imigração

Notas adicionais:

- Esses símbolos ajudam a visualizar nuances e profundidades nas condições psicológicas e padrões de comportamento, facilitando uma análise mais completa e empática das interações e histórias familiares.

- Sempre é útil incluir uma legenda detalhada ou descrições ao usar esses símbolos em genogramas para garantir que todos os visualizadores compreendam as complexidades representadas.

- Esta tabela permite aos terapeutas e analistas explorar e documentar visualmente a diversidade de experiências e características dentro de uma família ou grupo, proporcionando uma base para discussões terapêuticas ou análises mais profundas.

Estes símbolos adicionais enriquecem a representação no genograma, permitindo uma compreensão mais rica e uma comunicação mais eficaz das dinâmicas familiares e individuais.

Modelo de Genograma

Criar um modelo de genograma eficaz envolve ilustrar claramente as relações familiares e as informações de saúde ou comportamentais relevantes. Vou descrever como você pode estruturar um modelo básico de genograma, incluindo os elementos essenciais que devem ser incorporados para garantir uma visualização compreensiva das dinâmicas familiares.

1. Título e Dados Básicos:

Título: Genograma Familiar dos Silva

Data: Data de criação

Preparado por: Nome do criador (profissional ou estudante)

2. Símbolos e Legendas:

Inclua uma legenda no canto do genograma para explicar o significado de cada símbolo e linha utilizada.

Símbolo	Significado
○	Feminino
□	Masculino
=	Casamento/União
⊢⊣	Divórcio
|	Filhos
†	Morte
♿	Doença crônica
🔒	Segredo ou trauma

3. Estrutura do Genograma:

Primeira Geração (Avós):

1. Desenhe um quadrado para o avô e um círculo para a avó.

2. Conecte-os com uma linha sólida se ainda casados, ou uma linha pontilhada se separados ou divorciados.

3. Inclua datas de nascimento e morte se relevante.

Segunda Geração (Pais):

1. Desenhe os filhos do casal acima diretamente abaixo deles, conectados por linhas verticais que partem de uma linha horizontal entre os avós.

2. Repita a representação de gênero e estado civil.

3. Indique qualquer informação relevante, como doenças crônicas (usando símbolos como ♿) ou outras anotações (por exemplo, profissão ou realizações significativas).

Terceira Geração (Netos):

1. Posicione os netos abaixo de seus respectivos pais.

2. Utilize as mesmas convenções de símbolos e linhas para mostrar casamentos, filhos, e outras relações ou estados de saúde.

4. Informações Adicionais:

Anomalias de Saúde:

Utilize símbolos específicos para indicar questões de saúde importantes, como transtornos genéticos ou doenças mentais, localizando o símbolo próximo ao indivíduo afetado.

Dinâmicas Especiais:

Represente as relações interpessoais, como conflitos ou laços especialmente fortes, usando linhas de diferentes estilos ou cores para indicar a natureza da relação.

5. Análise e Observações:

No final do genograma, inclua uma seção para análises e observações gerais:

Análises: Sumarize padrões significativos ou observações, como a prevalência de uma condição médica ou padrões de comportamento.

Observações: Notas sobre a dinâmica familiar, como coesão, conflitos ou apoio mútuo.

Conclusão

Este modelo de genograma serve como um guia básico para mapear e analisar as complexidades de uma família. Ele pode ser adaptado conforme necessário para incluir informações adicionais específicas ou para focar em aspectos particulares da história familiar. Utilizar um *software* de genograma pode facilitar o desenho e a manutenção deste documento, especialmente quando as famílias são grandes ou as dinâmicas são particularmente complexas.

Acima está o genograma fictício da "Família Smith". Ele inclui três gerações, mostrando relações, questões de saúde e eventos significativos da vida. Utilizei símbolos padrão para representar homens, mulheres, casamentos, divórcios e filhos, destacando condições médicas como doenças cardíacas e questões de saúde mental como depressão. Uma chave para explicar os símbolos e anotações sobre profissões e conquistas de vida também foi incluída. Este *design* é claro e educativo, adequado para uso em contexto de terapia familiar.

Aqui está a descrição detalhada do genograma da "Família Smith".

Relatório do Genograma da Família Smith

1. Visão Geral

O genograma apresenta três gerações da família Smith, destacando as relações familiares, condições médicas hereditárias, eventos significativos de vida e profissões. Os símbolos padrão são utilizados para indicar sexo, estado civil e as relações entre os membros da família.

2. Primeira Geração:

John Smith (☐, 1940-2010): Patriarca da família. Falecido devido a uma doença cardíaca.

Marry Smith (◯, 1942-Viva): Matriarca da família. Tem histórico de depressão.

3. Segunda Geração:

Robert Smith (☐, 1965-Vivo): Filho de John e Marry. Casado com Julia (◯, 1968-Viva). Robert é médico e não apresenta condições médicas conhecidas.

Julia Smith (◯, 1968-Viva): Esposa de Robert. Diagnosticada com transtorno bipolar. Ela é professora.

Alice Smith (○, 1970-Viva): Filha de John e Marry, irmã de Robert. Casada com Michael (□, 1967-Vivo). Alice é advogada e tem diabetes tipo 2.

Michael Brown (□, 1967-Vivo): Marido de Alice. Arquiteto. Não tem condições médicas conhecidas.

4. Terceira Geração (Filhos de Robert e Julia):

Emily Smith (○, 1995-Viva): Filha de Robert e Julia. Estudante de Medicina. Tem ansiedade.

Daniel Smith (□, 1998-Vivo): Filho de Robert e Julia. Estudante universitário de Engenharia. Sem condições médicas conhecidas.

5. Terceira Geração (Filhos de Alice e Michael):

Sarah Brown (○, 1999-Viva): Filha de Alice e Michael. Estudante de Direito. Diagnosticada com TDAH.

Chris Brown (□, 2002-Vivo): Filho de Alice e Michael. Estudante do ensino médio. Sem condições médicas conhecidas.

6. Eventos Significativos e Anotações:

John Smith: Sua morte devido à doença cardíaca é um alerta para a saúde cardiovascular na família.

Marry Smith: A depressão de longa data de Marry ressalta a importância da saúde mental na família.

Condições Hereditárias

A depressão, doença cardíaca e diabetes são condições observadas que podem ter componentes hereditários significativos dentro da família.

Conclusão do Relatório

O genograma da família Smith fornece uma visão detalhada das complexas inter-relações e condições médicas que atravessam gerações. Este instrumento é essencial para compreender as predisposições médicas e as dinâmicas familiares que podem influenciar o tratamento e o aconselhamento em um contexto terapêutico.

Além das informações já detalhadas no relatório do genograma da Família Smith, há outros aspectos importantes que podem ser considerados para aprofundar a análise e utilização do genograma em contextos terapêuticos ou de pesquisa:

Aspectos Adicionais Importantes do Genograma

1. Dinâmicas de Relacionamento:

- **Padrões de Comunicação:** Analisar como os membros da família comunicam-se entre si, observando padrões de comunicação saudáveis ou disfuncionais que podem influenciar as dinâmicas familiares.

- **Alianças e Conflitos:** Identificar alianças específicas ou conflitos recorrentes que possam estar afetando a dinâmica familiar, como favoritismo, rivalidades ou apoio mútuo.

2. Impacto das Profissões e Educação:

- **Influência das Carreiras:** Considerar como as profissões dos membros da família afetam as relações familiares e individuais, especialmente em termos de estresse, tempo dedicado à família e expectativas de sucesso.

- **Educação e Aspirações:** Avaliar o impacto das aspirações educacionais e profissionais na dinâmica familiar e no desenvolvimento individual dos membros da família.

3. Questões de Saúde Mental e Física:

- **Hereditariedade de Condições de Saúde:** Além das condições de saúde já identificadas, explorar outras possíveis condições hereditárias e como elas são percebidas e gerenciadas dentro da família.

- **Suporte e Tratamento:** Analisar o suporte disponível para membros da família com condições de saúde e como isso afeta seu bem-estar e relações.

4. Eventos de Vida Significativos:

- **Mudanças de Vida e Adaptação**: Explorar como eventos significativos, por exemplo, nascimentos, mortes, casamentos e divórcios, influenciaram a estrutura e as relações familiares.

- **Migrações e Mudanças Geográficas:** Observar como mudanças no local de residência impactaram as relações familiares e a coesão.

5. Aspectos Culturais e Sociais:

- **Influências Culturais:** Considerar como as origens culturais e as tradições familiares influenciam comportamentos, decisões e relações dentro da família.

- **Impacto Social:** Avaliar o impacto das condições socioeconômicas na saúde, oportunidades e relações familiares.

6. Uso do Genograma em Intervenções Terapêuticas:

- **Intervenções Baseadas no Genograma:** Utilizar o genograma para planejar intervenções terapêuticas que abordem questões específicas identificadas, como traumas transgeracionais ou padrões de comportamento disfuncionais.

- **Monitoramento e Avaliação:** Usar o genograma como uma ferramenta de monitoramento ao longo do tempo para avaliar a eficácia das intervenções e fazer ajustes conforme necessário.

Conclusão

O genograma da Família Smith serve como uma ferramenta rica e multifuncional para entender não apenas a estrutura familiar e histórico de saúde, mas também para explorar as complexas interações que moldam a vida familiar ao longo das gerações. Ele oferece *insights* valiosos que podem ser utilizados em terapia para facilitar a compreensão e a resolução de questões familiares profundas.

Pedagogia Sistêmica

A Pedagogia Sistêmica é uma abordagem educacional que integra os princípios da Constelação Familiar de Bert Hellinger no ambiente educativo. Ela visa compreender e tratar as dinâmicas e as influências sistêmicas — ou seja, as influências das relações familiares e sociais — sobre o comportamento e o aprendizado dos alunos. Este método considera que os comportamentos e desafios dos estudantes muitas vezes refletem as dinâmicas ocultas de seus sistemas familiares.

Princípios Fundamentais da Pedagogia Sistêmica

1. **Pertencimento:** Todos têm um lugar dentro do sistema educativo, e esse senso de pertencimento é fundamental para o bem-estar e sucesso dos alunos. A Pedagogia Sistêmica enfatiza a importância de cada estudante, funcionário e professor, reconhecendo que todos contribuem para o ambiente de aprendizagem. O conceito de pertencimento é central na Pedagogia Sistêmica e reflete a crença de que cada indivíduo, seja estudante, professor ou funcionário, desempenha um papel crucial e insubstituível dentro do sistema educativo. Esse senso de pertencimento não é apenas sobre estar fisicamente presente; é sobre sentir-se valorizado, compreendido e essencial para a comunidade escolar.

Importância do Pertencimento

1. Fundação para o Desenvolvimento Emocional e Social:

- **Segurança Emocional:** Quando os alunos sentem que pertencem, eles estão mais seguros para expressar suas opiniões, explorar suas habilidades e engajar-se com o conteúdo aprendido.

- **Relações Interpessoais:** Um forte senso de pertencimento promove relações saudáveis entre alunos e entre alunos e professores, fundamentais para um ambiente de aprendizagem colaborativo e de suporte.

2. Impacto Acadêmico:

- **Motivação:** Alunos que se sentem parte integrante da escola são geralmente mais motivados para aprender e participar ativamente das atividades escolares.

- **Desempenho:** Estudos mostram que o sentimento de pertencimento pode ter um impacto direto no desempenho acadêmico, pois alunos que se sentem aceitos e valorizados tendem a ter melhores resultados.

Estratégias para Fortalecer o Pertencimento

1. Inclusão e Diversidade:

- **Políticas de Inclusão:** Implementar políticas que promovam a inclusão e respeitem a diversidade cultural, social e individual dos estudantes.

- **Atividades Multiculturais:** Encorajar atividades que celebrem diferentes culturas e histórias, ajudando os alunos a valorizar a diversidade e a entender sua própria identidade dentro de um contexto mais amplo.

2. Comunicação e *Feedback*:

- **Diálogo Aberto:** Fomentar um ambiente onde alunos e professores possam comunicar-se abertamente e sem medo de julgamentos.

- ***Feedback* Construtivo:** Oferecer *feedback* que não apenas oriente, mas também valorize o esforço e a contribuição de cada aluno.

3. Suporte Personalizado:

- **Apoio Individualizado:** Ajustar o suporte acadêmico e emocional às necessidades individuais dos alunos, reconhecendo que cada estudante tem seu próprio conjunto de circunstâncias e desafios.

- **Mentoria e Tutoria:** Programas de mentoria nos quais alunos mais velhos ou professores atuem como mentores de alunos mais novos ou que precisem de orientação adicional.

Conclusão

O pertencimento é um pilar fundamental da Pedagogia Sistêmica, pois cria um ambiente educacional onde todos se sentem parte de uma comunidade maior. Este senso de pertencimento não só aumenta a motivação e o engajamento dos alunos, como também melhora o ambiente escolar como um todo, tornando-o mais acolhedor, inclusivo e eficaz para o aprendizado. Reconhecer e nutrir o pertencimento de cada membro da comunidade escolar é essencial para desenvolver não apenas acadêmicos competentes, mas também indivíduos emocionalmente saudáveis e socialmente conscientes.

- **2. Ordem:** A ordem dentro do sistema escolar é crucial. Isso inclui respeitar a hierarquia e a antiguidade, tanto em termos de idade quanto de experiência. A Pedagogia Sistêmica sugere que, quando a ordem é respeitada, o sistema educacional funciona de maneira mais eficaz.

O conceito de "ordem" na Pedagogia Sistêmica refere-se à importância de manter uma estrutura hierárquica e de respeitar a antiguidade dentro do ambiente escolar. Esta noção de ordem é essencial para criar um ambiente onde todos os membros da comunidade escolar — alunos, professores, administradores e pessoal de apoio — entendam seu lugar e suas responsabilidades, contribuindo para a estabilidade e eficácia do sistema educacional.

Importância da Ordem

1. Estabilidade e Previsibilidade:

- **Estrutura Clara:** Uma hierarquia clara ajuda a definir expectativas e responsabilidades, o que é crucial para a gestão eficaz do ambiente escolar.

- **Resolução de Conflitos:** A ordem facilita a resolução de conflitos, pois cada indivíduo compreende a quem recorrer e como os processos são geridos dentro da escola.

2. Respeito e Reconhecimento:

- **Valorização da Experiência:** O respeito pela antiguidade e experiência promove um ambiente de respeito mútuo, onde a sabedoria e o conhecimento são valorizados.

- **Desenvolvimento Profissional:** Os profissionais mais novos têm a oportunidade de aprender com os mais experientes, criando um ambiente de aprendizado contínuo.

Estratégias para Implementar e Manter a Ordem

1. Definição de Papéis e Responsabilidades:

- **Claridade de Papéis:** Garantir que todos na escola compreendam seus papéis e responsabilidades, por meio de manuais, orientações e treinamentos regulares.

- **Políticas Claras:** Desenvolver e manter políticas escolares claras que definam a estrutura hierárquica e os procedimentos para diversas situações, como avaliações de desempenho e promoções.

2. Fomento ao Respeito pela Hierarquia:

- **Modelagem de Comportamento:** Líderes e educadores mais experientes devem modelar o respeito pela hierarquia e pela ordem, estabelecendo um exemplo para alunos e novos educadores.

- **Comunicação Eficaz:** Promover uma comunicação aberta e respeitosa em todos os níveis, assegurando que todos se sintam ouvidos e respeitados.

3. Promoção de um Ambiente de Respeito Mútuo:

- **Reconhecimento e Incentivo:** Implementar sistemas de reconhecimento que valorizem tanto a antiguidade quanto as contribuições individuais ao ambiente escolar.

- **Mentoria e Apoio:** Estabelecer programas de mentoria onde profissionais mais experientes apoiem o desenvolvimento de colegas mais novos, fortalecendo a cultura de aprendizado e crescimento mútuo.

Conclusão

A ordem é um pilar central da Pedagogia Sistêmica, garantindo que a escola opere de maneira eficiente e harmoniosa. Respeitar a hierarquia e a antiguidade não apenas facilita a administração da escola, mas também cria um ambiente propício ao respeito, ao aprendizado e ao desenvolvimento pessoal e profissional de todos os envolvidos. Manter a ordem é, portanto, crucial para o sucesso do sistema educacional, promovendo um clima escolar no qual todos se sintam valorizados e parte de um sistema maior e coeso.

3. Equilíbrio entre Dar e Receber ou Dar e Tomar o que é seu por direito: Esta prática sugere que deve haver um equilíbrio entre o que se recebe e o que se dá dentro do ambiente escolar. Quando professores e alunos estão em equilíbrio, o processo de aprendizado é mais harmonioso e produtivo.

Na Pedagogia Sistêmica, o conceito de equilíbrio entre dar e receber é fundamental para criar um ambiente educacional saudável e produtivo. Este princípio sugere que deve existir uma harmonia entre o que professores e alunos oferecem ao sistema escolar e o que recebem dele, garantindo que as trocas sejam justas e beneficiem a todos.

Importância do Equilíbrio entre Dar e Receber

1. Promoção da Reciprocidade:

- **Trocas Justas:** Um equilíbrio entre o que se dá e o que se recebe assegura que todas as partes se sintam valorizadas e respeitadas. Isso incentiva uma maior cooperação e um senso de justiça dentro do ambiente escolar.

- **Motivação e Engajamento:** Quando alunos e professores percebem que suas contribuições são reconhecidas e recompensadas adequadamente, eles são mais propensos a se engajar ativamente e a investir no processo educacional.

2. Fomento ao Sentimento de Pertencimento:

- **Valorização Individual:** Ao equilibrar as contribuições e benefícios, cada membro da comunidade escolar sente que seu papel é essencial para o funcionamento da escola, o que fortalece o sentimento de pertencimento.

- **Cultura de Apoio:** Este equilíbrio contribui para uma cultura escolar na qual o apoio mútuo é a norma, e onde alunos e professores se sentem incentivados a ajudar uns aos outros.

Estratégias para Cultivar o Equilíbrio entre Dar e Receber

1. Reconhecimento e Recompensa:

- **Sistemas de Reconhecimento:** Implementar sistemas onde as contribuições de alunos e professores sejam regularmente reconhecidas e celebradas, como cerimônias de premiação e reconhecimentos públicos.

- **Recompensas Alinhadas:** Assegurar que as recompensas ou incentivos oferecidos estejam alinhados com o nível e a qualidade das contribuições feitas.

2. *Feedback* e Avaliação Equitativos:

- ***Feedback* Construtivo:** Estabelecer um sistema de *feedback* que seja justo e construtivo, permitindo que alunos e professores entendam como suas ações contribuem para o sistema e o que podem fazer para melhorar.

- **Avaliações Justas:** Garantir que os métodos de avaliação sejam transparentes e justos, refletindo precisamente o desempenho e o esforço dos alunos.

3. Distribuição Equilibrada de Recursos:

- **Acesso a Recursos:** Promover um acesso equitativo a recursos didáticos, oportunidades de aprendizagem e suporte acadêmico, garantindo que todos tenham as ferramentas necessárias para dar o seu melhor.

- **Suporte Diferenciado:** Reconhecer que diferentes alunos podem ter diferentes necessidades e oferecer suporte personalizado para ajudá-los a alcançar seu potencial.

Conclusão

O equilíbrio entre dar e receber é um aspecto crucial da Pedagogia

Sistêmica, pois ajuda a criar um ambiente escolar onde a troca justa de energia, conhecimento e recursos promove uma experiência educacional mais rica e gratificante para todos. Implementar práticas que cultivem esse equilíbrio não apenas melhora o ambiente de aprendizagem, mas também fortalece a comunidade escolar como um todo, tornando-a mais unida e produtiva.

Aplicações da Pedagogia Sistêmica

1. Resolução de Conflitos: Ao identificar e compreender as dinâmicas familiares que influenciam o comportamento dos alunos, os educadores podem abordar conflitos de maneira mais eficaz e com maior empatia.

Passo a Passo para a Resolução de Conflitos Usando a Pedagogia Sistêmica

A Pedagogia Sistêmica fornece uma abordagem valiosa para entender e resolver conflitos no ambiente escolar ao considerar as dinâmicas familiares que podem influenciar o comportamento dos alunos.

Aqui está um passo a passo detalhado para ajudar educadores a abordar conflitos de maneira mais eficaz e empática:

Passo 1: Identificar o Conflito

Observação e Notificação:

- Observe o comportamento dos alunos e identifique qualquer sinal de conflito, seja ele verbal, físico ou emocional.
- Anote os detalhes específicos do conflito, incluindo os participantes, o contexto e as circunstâncias que parecem desencadear o comportamento.

Compreender as Causas Potenciais:

- Procure entender não apenas o que é visível, mas também os fatores subjacentes que podem estar influenciando o comportamento dos alunos, como problemas familiares, estresse ou questões sociais.

Passo 2: Abordar as Partes Envolvidas

Diálogo Individual:

- Converse individualmente com os alunos envolvidos para entender suas perspectivas e sentimentos sobre o conflito.
- Use técnicas de escuta ativa para garantir que os alunos se sintam ouvidos e compreendidos.

Reunião com os Pais ou Responsáveis:

- Se apropriado, organize uma reunião com os pais ou responsáveis dos alunos para discutir as observações e preocupações.
- Explore quaisquer questões familiares que possam estar contribuindo para o comportamento do aluno e discuta como a escola e a família podem trabalhar juntas para apoiar o aluno.

Passo 3: Utilizar Ferramentas da Pedagogia Sistêmica

Mapeamento Sistêmico:

- Considere usar técnicas de mapeamento sistêmico para visualizar as relações e influências na vida do aluno, incluindo família, amigos e professores.
- Identifique padrões ou ciclos que possam estar perpetuando o conflito.

Intervenções Sistêmicas:

- Implemente intervenções baseadas na Pedagogia Sistêmica, como reestruturação de grupos em sala de aula ou atividades que promovam a empatia e o entendimento entre os alunos.

Passo 4: Promover a Resolução e o Crescimento

Mediação de Conflitos:

- Facilite uma sessão de mediação entre os alunos envolvidos, ajudando-os a expressar suas preocupações e a encontrar uma resolução mutuamente aceitável.

- Ensine habilidades de resolução de conflitos, como comunicação não violenta e negociação.

Acompanhamento e Suporte Contínuo:

- Monitore o progresso dos alunos envolvidos após a intervenção e ofereça suporte contínuo para garantir que o conflito não se repita.

- Continue trabalhando com a família e outros educadores para proporcionar um ambiente de suporte para todos os alunos.

Conclusão

A resolução de conflitos na Pedagogia Sistêmica envolve uma abordagem holística que considera as complexas dinâmicas familiares e sociais que influenciam os alunos. Ao abordar conflitos com uma compreensão mais profunda dessas dinâmicas, os educadores podem ajudar os alunos a desenvolverem habilidades de resolução de conflitos duradouras e promover um ambiente escolar mais harmonioso e produtivo.

2. **Inclusão Educativa:** A abordagem sistêmica ajuda a criar estratégias inclusivas que respeitam as diferenças individuais e culturais, promovendo um ambiente de aprendizado mais acolhedor e produtivo.

Passo a Passo para Inclusão Educativa Usando a Pedagogia Sistêmica

A inclusão educativa na Pedagogia Sistêmica abrange a compreensão e o respeito pelas diferenças individuais e culturais de cada aluno, visando criar um ambiente escolar que promova o aprendizado efetivo e acessível para todos.

Aqui está um passo a passo detalhado para implementar estratégias inclusivas nesse contexto:

Passo 1: Avaliação das Necessidades e Diversidade dos Alunos

Identificar as Diferenças:

- Realize um levantamento para identificar as diversas necessidades educacionais, culturais, sociais e emocionais dos alunos.
- Utilize questionários, entrevistas e observações para compreender melhor os antecedentes e as experiências dos alunos.

Análise de Necessidades:

- Analise os dados coletados para identificar padrões ou áreas comuns de necessidade entre os alunos.
- Determine os recursos e suportes que podem ser necessários para atender a essas diversas necessidades.

Passo 2: Desenvolvimento de Estratégias Inclusivas

Planejamento de Atividades Diferenciadas:

- Desenvolva planos de aula que incluam diferentes métodos de ensino para atender a uma ampla gama de estilos de aprendizagem e níveis de habilidade.
- Incorpore atividades que permitam aos alunos expressar suas culturas e experiências pessoais.

Criação de Recursos Adaptáveis:

- Prepare materiais didáticos que possam ser facilmente adaptados para diferentes necessidades, incluindo versões visuais, auditivas e táteis.

- Utilize tecnologia assistiva para suportar alunos com necessidades especiais, garantindo que tenham acesso equitativo ao currículo.

Passo 3: Promoção de um Ambiente Escolar Inclusivo

Treinamento e Sensibilização:

- Realize sessões de treinamento para professores e funcionários sobre diversidade cultural, sensibilidade social e técnicas de ensino inclusivo.

- Promova uma cultura de respeito e aceitação, encorajando alunos e *staff* a celebrar e aprender com as diferenças.

Comunicação e Colaboração:

- Estabeleça linhas claras de comunicação entre alunos, professores, pais e administradores para garantir que as necessidades dos alunos sejam compreendidas e atendidas.

- Encoraje a colaboração entre alunos de diferentes *backgrounds* para fortalecer o respeito mútuo e a compreensão.

Passo 4: Avaliação e Ajuste Contínuo das Estratégias

Monitoramento e *Feedback*:

- Implemente processos de monitoramento para avaliar a eficácia das estratégias inclusivas.

- Colete *feedback* regular de alunos, pais e educadores sobre a eficácia das medidas implementadas.

Ajustes Baseados em *Feedback*:

- Faça ajustes nas estratégias e abordagens com base no feedback recebido para melhor atender às necessidades dos alunos.
- Revise periodicamente as políticas e práticas para garantir que continuam relevantes e eficazes.

Conclusão

Implementar a inclusão educativa através da Pedagogia Sistêmica não apenas melhora o acesso ao aprendizado para todos os alunos, mas também cria um ambiente escolar mais acolhedor e produtivo. Respeitando as diferenças e promovendo a igualdade, a escola pode tornar-se um espaço onde todos os alunos têm a oportunidade de prosperar.

3. **Melhoria do Ambiente Escolar:** Entender as inter-relações dentro do ambiente escolar pode levar a mudanças que melhoram a moral e a eficácia educacional, beneficiando alunos, professores e a comunidade escolar como um todo.

Passo a Passo para Melhoria do Ambiente Escolar Usando a Pedagogia Sistêmica

A melhoria do ambiente escolar na Pedagogia Sistêmica envolve uma compreensão profunda das inter-relações entre alunos, professores, funcionários e a comunidade mais ampla. Este entendimento pode ser utilizado para implementar mudanças que não só melhoram a moral, como também aumentam a eficácia educacional.

Aqui está um passo a passo detalhado:

Passo 1: Diagnóstico do Ambiente Atual

Avaliação de Clima Escolar:

- Realize pesquisas e avaliações para entender o clima atual da escola, incluindo a satisfação dos alunos e professores, incidência de conflitos, e o nível de engajamento.

- Identifique áreas de melhoria, como comunicação, infraestrutura, ou apoio ao aluno.

Análise Sistêmica das Relações:

- Mapeie as relações existentes na escola para identificar padrões de interação e áreas de tensão.

- Utilize técnicas da Pedagogia Sistêmica para entender como as dinâmicas familiares e sociais afetam as relações dentro da escola.

Passo 2: Desenvolvimento de Estratégias de Intervenção

Promoção da Colaboração e do Respeito Mútuo:

- Implemente programas de desenvolvimento profissional focados em técnicas de comunicação eficaz, gestão de conflitos e colaboração.

- Estabeleça normas comunitárias que promovam o respeito mútuo e o apoio dentro do ambiente escolar.

Melhoria de Infraestrutura e Recursos:

- Avalie e melhore a infraestrutura física e os recursos didáticos para criar um ambiente mais acolhedor e funcional.

- Assegure que todos os alunos tenham acesso equitativo a recursos tecnológicos e suporte educacional.

Passo 3: Implementação de Mudanças

Intervenções Focadas:

- Implemente intervenções específicas baseadas nas necessidades identificadas, como a criação de espaços de estudo mais acolhedores ou a introdução de novas tecnologias educacionais.

- Inclua programas de mentoria e apoio entre alunos e entre professores para fortalecer as relações e oferecer suporte adicional.

Comunicação e Envolvimento da Comunidade:

- Melhore a comunicação entre a escola e as famílias, garantindo que os pais e cuidadores estejam informados e envolvidos nas atividades escolares.

- Promova eventos e projetos que envolvam a comunidade local, fortalecendo a conexão entre a escola e seu entorno.

Passo 4: Avaliação e Ajuste Contínuo

Monitoramento dos Efeitos das Mudanças:

- Estabeleça um sistema de *feedback* contínuo para avaliar o impacto das mudanças implementadas no ambiente escolar.

- Utilize pesquisas regulares e reuniões de *feedback* para coletar impressões de alunos, professores e pais.

Ajustes Baseados em *Feedback*:

- Faça ajustes nas estratégias e intervenções com base no *feedback* recebido para garantir que as mudanças continuem sendo relevantes e eficazes.

- Revise periodicamente os planos de melhoria para adaptá-los às novas necessidades e circunstâncias.

Conclusão

Melhorar o ambiente escolar através da Pedagogia Sistêmica envolve um compromisso contínuo com o diagnóstico, intervenção e revisão das práticas escolares. Ao entender e abordar as complexas inter-relações dentro do ambiente escolar, é possível criar uma atmosfera que beneficie todos os envolvidos, promovendo um ambiente educacional mais positivo, inclusivo e eficaz.

4. Desenvolvimento Profissional de Educadores: A Pedagogia Sistêmica também oferece ferramentas para que os educadores compreendam melhor seus próprios backgrounds familiares e sociais, ajudando-os a identificar como esses fatores podem influenciar suas práticas de ensino.

Passo a Passo para o Desenvolvimento Profissional de Educadores Usando a Pedagogia Sistêmica

A Pedagogia Sistêmica não só enriquece o ambiente educativo para os alunos, mas também serve como uma ferramenta valiosa para o desenvolvimento profissional dos educadores. Ela ajuda os professores a compreenderem melhor seus próprios antecedentes familiares e sociais e como esses podem influenciar suas práticas de ensino.

Aqui está um passo a passo para implementar esse processo:

Passo 1: Autoconhecimento e Reflexão

Workshops de Autoconhecimento:

- Organize *workshops* e seminários que incentivem os educadores a explorar suas próprias histórias familiares e antecedentes sociais.

- Use técnicas de Pedagogia Sistêmica para ajudar os educadores a mapear suas constelações familiares e identificar padrões ou crenças que possam influenciar seu comportamento e práticas pedagógicas.

Sessões de Reflexão:

- Estabeleça sessões regulares de reflexão onde os educadores possam discutir as descobertas de seus *workshops* e como essas percepções afetam seu trabalho.

- Encoraje a partilha de experiências e a discussão sobre como superar possíveis vieses ou desafios pessoais no ambiente escolar.

Passo 2: Desenvolvimento de Competências Empáticas e Interpessoais

Treinamento em Empatia e Comunicação:

- Promova treinamentos específicos focados em desenvolver habilidades de empatia e comunicação eficaz.

- Ensine técnicas que permitam aos educadores se colocarem no lugar dos alunos, compreendendo melhor suas motivações e desafios.

Gestão de Diversidade e Inclusão:

- Ofereça cursos que abordem diversidade, equidade e inclusão, capacitando os educadores a lidar com uma sala de aula multicultural e a reconhecer suas próprias predisposições.

Passo 3: Aplicação Prática no Ambiente de Ensino

Integração Curricular:

- Incentive os educadores a integrar o conhecimento sobre suas próprias histórias e padrões sistêmicos em suas práticas pedagógicas.
- Aplique abordagens que considerem a complexidade das histórias dos alunos para criar estratégias de ensino mais eficazes e inclusivas.

Monitoramento e *Feedback*:

- Estabeleça um sistema de *feedback* contínuo no qual os educadores possam receber avaliações sobre suas práticas em sala de aula.
- Use observações em sala de aula e avaliações de desempenho para ajudar os educadores a ajustarem suas abordagens pedagógicas.

Passo 4: Avaliação e Ajuste Contínuo

Avaliação de Impacto:

- Avalie o impacto dos treinamentos e desenvolvimentos realizados na prática pedagógica dos educadores.
- Verifique se há melhorias na comunicação, redução de conflitos e aumento da eficácia do ensino.

Plano de Desenvolvimento Profissional Contínuo:

- Desenvolva um plano de desenvolvimento profissional contínuo para cada educador, com base em suas necessidades e áreas de crescimento identificadas.
- Encoraje uma cultura de aprendizado contínuo e desenvolvimento dentro da escola.

Conclusão

Utilizar a Pedagogia Sistêmica para o desenvolvimento profissional dos educadores não apenas enriquece suas habilidades de ensino, mas também promove uma compreensão mais profunda de si mesmos e de seus alunos. Este processo fortalece o ambiente educacional como um todo, tornando-o mais empático, inclusivo e eficaz.

Benefícios da Pedagogia Sistêmica

- **Melhora a Compreensão entre Alunos e Educadores:** Ao reconhecer as influências familiares e sociais, professores e alunos podem desenvolver uma compreensão mútua mais profunda.

Aprofundar a compreensão mútua entre alunos e educadores é uma das pedras angulares da Pedagogia Sistêmica, e há muitos benefícios e estratégias associadas a essa prática. Vejamos mais detalhes sobre como isso pode ser alcançado e quais impactos isso pode ter no ambiente educacional.

Benefícios de Melhorar a Compreensão entre Alunos e Educadores

1. Ambiente de Aprendizado mais Apoiador:

- **Empatia Reforçada:** Quando educadores entendem os contextos familiares e sociais dos alunos, eles podem aproximar-se deles com mais empatia, adaptando suas abordagens pedagógicas para melhor atender às necessidades individuais dos estudantes.

- **Respostas Personalizadas:** Com esse entendimento, os educadores podem oferecer respostas mais personalizadas aos desafios enfrentados pelos alunos, tanto acadêmicos quanto comportamentais.

2. Redução de Conflitos:

- **Antecipação e Prevenção:** Compreender as dinâmicas subjacentes que influenciam o comportamento dos alunos permite que os educadores antecipem e previnam conflitos antes que eles escalem.

- **Resolução de Conflitos mais Eficaz:** Quando conflitos ocorrem, um entendimento mais profundo dos fatores motivadores ajuda a resolver essas questões de maneira mais eficaz e sustentável.

3. Maior Engajamento e Motivação:

- **Conexão Real:** Alunos que sentem que seus professores os compreendem e se importam com eles tendem a se engajar mais profundamente com o material de aprendizagem.

- **Melhoria no Desempenho Acadêmico:** A atenção às necessidades individuais e o apoio adaptado podem levar a melhorias no desempenho acadêmico.

Estratégias para Melhorar a Compreensão Mútua

1. Diálogos Abertos:

- **Sessões de Partilha:** Organize sessões regulares em que alunos e educadores possam compartilhar experiências e perspectivas. Isso pode incluir discussões em sala de aula sobre temas culturais e sociais que afetam os alunos.

- **Workshops e Treinamentos:** Promova *workshops* para alunos e educadores que focalizem a construção de habilidades de comunicação e empatia.

2. Atividades Integradoras:

- **Projetos Colaborativos:** Desenvolva projetos que requeiram colaboração entre alunos e educadores, fomentando um ambiente de respeito mútuo e cooperação.

- **Eventos Multiculturais:** Realize eventos que celebrem a diversidade cultural da comunidade escolar, incentivando todos a explorar e apreciar diferentes culturas e perspectivas.

3. *Feedback* e Reflexão Contínuos:

- **Sessões de *Feedback*:** Implemente uma rotina de *feedback* em que alunos podem expressar como se sentem em relação ao ambiente escolar e suas interações com os educadores.

- **Diários de Reflexão:** Encoraje tanto alunos quanto educadores a manterem diários de reflexão sobre suas experiências e aprendizados, promovendo uma introspecção contínua.

4. Uso de Tecnologia e Recursos Educativos:

- **Ferramentas de Comunicação:** Utilize plataformas de comunicação e redes sociais educativas para fortalecer as conexões entre alunos e educadores fora do ambiente tradicional de sala de aula.

- **Recursos Educativos Inclusivos:** Adote materiais didáticos que abordem e respeitem uma variedade de *backgrounds* culturais e sociais, ajudando a construir uma base comum de entendimento e respeito.

Conclusão

Ao adotar essas estratégias e focar a melhora da compreensão mútua entre alunos e educadores, as escolas que utilizam a Pedagogia Sistêmica podem desenvolver um ambiente educacional mais inclusivo, empático e produtivo. Esta abordagem, além de melhorar a experiência educacional para todos os envolvidos, também prepara alunos e educadores para interagir de maneira mais eficaz e harmoniosa dentro e fora do ambiente escolar.

- **Promove um Ambiente de Aprendizado Mais Eficaz:** Reduzindo mal-entendidos e conflitos, e melhorando a comunicação dentro da sala de aula.

- Ampliando o Entendimento sobre Como a Pedagogia Sistêmica Promove um Ambiente de Aprendizado Mais Eficaz.

- A Pedagogia Sistêmica oferece várias ferramentas e metodologias para criar um ambiente de aprendizado mais eficaz, reduzindo mal-entendidos e conflitos e melhorando a comunicação entre alunos e educadores.

Explorando mais profundamente, aqui estão aspectos adicionais que demonstram como essa abordagem contribui significativamente para a eficácia educacional:

1. Entendimento Profundo das Necessidades dos Alunos

- **Identificação de Barreiras ao Aprendizado:** Ao compreender as complexidades das situações familiares e sociais dos alunos, os educadores podem identificar barreiras específicas ao aprendizado que podem não ser óbvias à primeira vista.

- **Adaptação das Estratégias de Ensino:** Com esse conhecimento, os professores podem adaptar suas estratégias pedagógicas para atender às necessidades individuais dos alunos, considerando fatores como *background* cultural, desafios emocionais e capacidades de aprendizado variadas.

2. Melhoria da Dinâmica de Sala de Aula

- **Prevenção de Conflitos:** Ao entender as dinâmicas subjacentes entre os alunos e entre alunos e professores, a Pedagogia Sistêmica ajuda a prevenir conflitos antes que eles comecem ou escalem.

- **Ambiente de Suporte Mútuo:** A promoção de uma cultura de suporte mútuo e compreensão dentro da sala de aula incentiva os alunos a colaborarem e a ajudarem uns aos outros, criando um ambiente de aprendizado mais coeso e solidário.

3. Desenvolvimento de Competências Sociais e Emocionais

- **Educação Socioemocional:** A Pedagogia Sistêmica enfatiza a importância de desenvolver não apenas habilidades acadêmicas, mas também competências socioemocionais. Isso inclui empatia, resolução de conflitos e autoconsciência.

- **Preparação para a Vida Futura:** Ao melhorar essas habilidades, os alunos estão mais bem preparados para enfrentar desafios futuros em suas vidas pessoais e profissionais, além de contribuir positivamente para a sociedade.

4. Fomento de um Espírito de Inclusão e Diversidade

- **Celebração da Diversidade:** Através de atividades que reconhecem e celebram a diversidade cultural e social, os alunos aprendem a valorizar e respeitar as diferenças, o que pode reduzir significativamente os mal-entendidos e conflitos.

- **Políticas Inclusivas:** Implementar políticas que promovam inclusão e justiça dentro da escola, garantindo que todos os alunos, independentemente de suas origens ou habilidades, se sintam valorizados e capazes de contribuir.

5. *Feedback* Contínuo e Adaptação

- **Sistemas de *Feedback*:** Estabelecer sistemas de *feedback* contínuo nos quais alunos e professores possam expressar suas opiniões e preocupações ajuda a manter o ambiente de aprendizado dinâmico e responsivo às suas necessidades.

- **Adaptação Baseada em *Feedback*:** Utilizar esse *feedback* para adaptar continuamente as práticas de ensino e as políticas escolares, garantindo que o ambiente de aprendizado permaneça relevante e eficaz para todos os envolvidos.

Conclusão

Promover um ambiente de aprendizado mais eficaz por meio da Pedagogia Sistêmica é um processo dinâmico e contínuo que requer um compromisso com o desenvolvimento integral dos alunos e a adaptação constante às suas necessidades em evolução. Esta abordagem não apenas melhora o desempenho acadêmico, mas também fortalece as competências sociais e emocionais dos alunos, preparando-os para serem cidadãos conscientes e empáticos no futuro.

- **Apoia o Desenvolvimento Integral do Aluno:** Ao considerar todos os aspectos da vida do aluno, incluindo seu contexto familiar e social.

Ao considerar todos os aspectos da vida do aluno, incluindo seu contexto familiar e social, a Pedagogia Sistêmica proporciona um apoio abrangente ao desenvolvimento integral do aluno. Esta abordagem reconhece que o aprendizado e o crescimento ocorrem não só através da instrução acadêmica, como também através do entendimento e suporte ao contexto mais amplo do aluno. Vamos explorar mais detalhes sobre como esse suporte integral pode ser implementado e seus benefícios para o desenvolvimento dos estudantes.

Benefícios do Suporte ao Desenvolvimento Integral do Aluno

1. Desenvolvimento Emocional e Psicológico:

- **Reconhecimento das Emoções:** A Pedagogia Sistêmica ajuda a reconhecer e a validar as emoções dos alunos, permitindo-lhes processar e expressar seus sentimentos de maneira saudável.

- **Resiliência:** Ao abordar e discutir questões familiares e sociais, os alunos podem desenvolver resiliência e aprender estratégias para lidar com desafios pessoais e acadêmicos.

2. Suporte Social:

- **Relações Fortalecidas:** Compreender as dinâmicas familiares e sociais dos alunos permite que os educadores ajudem a fortalecer as relações entre os alunos e suas famílias, bem como entre colegas.

- **Rede de Suporte:** Fomentar uma rede de apoio dentro da escola e na comunidade mais ampla que pode assistir o aluno em várias áreas da vida.

3. Desenvolvimento Cognitivo:

- **Aprendizado Personalizado:** Adaptação dos métodos de ensino para atender às necessidades cognitivas e de aprendizado de cada aluno, levando em consideração seus pontos fortes e áreas que requerem mais apoio.

- **Motivação para Aprender:** Alunos que se sentem apoiados em todos os aspectos de suas vidas tendem a mostrar maior engajamento e motivação para aprender.

Estratégias para Apoiar o Desenvolvimento Integral

1. Integração de Serviços de Suporte:

- **Serviços de Aconselhamento:** Implementar serviços de aconselhamento e psicologia escolar que abordem tanto questões acadêmicas quanto emocionais e sociais.

- **Ligações com Serviços Comunitários:** Estabelecer parcerias com serviços comunitários para fornecer apoio adicional, como tutoria, saúde mental e programas de enriquecimento.

2. Educação Holística:

- Currículo Integrado: Desenvolver um currículo que integre aprendizado acadêmico com desenvolvimento de habilidades de vida, ética, cidadania e bem-estar.

- Projetos Interdisciplinares: Encorajar projetos que cruzem disciplinas acadêmicas e incorporem aspectos da vida real e questões sociais, promovendo uma compreensão mais profunda do mundo.

3. Ambiente Escolar Inclusivo e Acolhedor:

- **Práticas Inclusivas:** Garantir que as práticas escolares e de sala de aula sejam inclusivas, reconhecendo e celebrando a diversidade cultural, social e de aprendizagem dos alunos.

- **Infraestrutura de Apoio:** Criar um ambiente escolar que seja fisicamente e emocionalmente acolhedor para todos os alunos, independentemente de suas necessidades.

4. Formação Contínua para Educadores:

- **Desenvolvimento Profissional:** Oferecer formação contínua para educadores sobre como apoiar o desenvolvimento integral dos alunos, incluindo treinamento em habilidades de comunicação, resolução de conflitos e sensibilidade cultural.

- **Reflexão e Avaliação:** Encorajar os educadores a refletir regularmente sobre suas práticas e receber *feedback* sobre como podem melhorar o suporte ao desenvolvimento integral dos alunos.

Conclusão

Ao focar o desenvolvimento integral do aluno, a Pedagogia Sistêmica enriquece a experiência educacional, assim como prepara os alunos para enfrentar os desafios da vida com maior confiança e competência. Este apoio abrangente é essencial para o bem-estar a longo prazo e o sucesso dos alunos, dentro e fora do ambiente escolar.

A Pedagogia Sistêmica, portanto, oferece uma abordagem holística e inclusiva à educação, permitindo que as escolas não apenas ensinem, mas também apoiem seus alunos de maneira mais eficaz e consciente.

Constelação Empresarial

A Constelação Empresarial é uma aplicação dos princípios das Constelações Familiares de Bert Hellinger no contexto organizacional e empresarial. Essa abordagem visa identificar e resolver disfunções, conflitos e bloqueios dentro de uma empresa, que muitas vezes são reflexo de dinâmicas ocultas e não resolvidas. O objetivo é promover a saúde organizacional, melhorar a eficiência e otimizar as relações entre os membros da organização.

A Constelação Empresarial, ao integrar os princípios das Constelações Familiares de Bert Hellinger no ambiente corporativo, oferece uma abordagem profunda e transformadora para lidar com questões organizacionais. Vamos explorar em mais detalhes os aspectos e implicações dessa metodologia no contexto empresarial.

Expansão dos Princípios Básicos

1. Transposição de Dinâmicas Familiares para o Ambiente Corporativo:

- **Lealdades Invisíveis:** Assim como na família, membros de uma organização podem ter lealdades inconscientes a fundadores, líderes anteriores ou à cultura organizacional original, que podem influenciar suas ações e decisões.

- **Exclusões e Reconhecimentos:** Problemas podem surgir quando colaboradores ou líderes anteriores não são adequadamente reconhecidos ou quando suas contribuições são ignoradas ou minimizadas.

2. Impacto em Decisões Estratégicas e Operacionais:

- **Tomada de Decisão:** Dinâmicas ocultas podem afetar decisões críticas de negócios, desde fusões e aquisições até reestruturações e mudanças estratégicas.

- **Gestão de Mudanças:** Resistência a mudanças pode frequentemente ser rastreada até medos inconscientes ou lealdades a práticas antigas, que precisam ser identificadas e abordadas.

Processo Detalhado da Constelação Empresarial

1. Preparação e Contextualização:

- **Definição de Objetivos:** Antes de uma sessão de constelação, é crucial definir claramente os objetivos com a liderança, entendendo quais aspectos da organização serão explorados.

- **Seleção de Representantes:** Escolher cuidadosamente os representantes para diferentes roles ou elementos da organização, como departamentos, produtos ou conceitos abstratos, a exemplo da missão da empresa.

2. Condução da Sessão:

- **Espaço Seguro:** Criar um ambiente seguro e neutro onde os representantes possam expressar livremente suas percepções e sentimentos sem julgamento.

- **Dinâmica do Grupo:** O facilitador conduz o processo, observando as reações e movimentos dos representantes, propondo mudanças de posição para revelar dinâmicas ocultas.

3. Integração e Implementação:

- *Insights* e **Aprendizados:** Após a sessão, os *insights* devem ser discutidos e integrados num plano de ação concreto que a liderança pode seguir para resolver as questões identificadas.

- **Acompanhamento:** Monitoramento e acompanhamento são essenciais para garantir que as mudanças propostas sejam implementadas e que novas dinâmicas sejam sustentáveis.

Benefícios Ampliados

- **Cultura Organizacional Fortalecida:** Ajuda a criar uma cultura de abertura e transparência, onde questões não são apenas resolvidas, mas também preventivamente gerenciadas.

- **Alinhamento e Coesão:** Melhora o alinhamento entre diferentes níveis da organização, assegurando que todos estejam trabalhando com objetivos comuns em mente.

- **Saúde e Bem-estar Organizacional:** Promove um ambiente de trabalho mais saudável, reduzindo o estresse e aumentando a satisfação no trabalho.

Conclusão

A Constelação Empresarial é uma ferramenta poderosa que vai além do tratamento de sintomas superficiais, buscando entender e resolver as raízes profundas dos problemas organizacionais. Ao fazê-lo, melhora a eficiência e a saúde organizacional e transforma a maneira como as empresas compreendem e gerenciam suas dinâmicas internas.

Princípios da Constelação Empresarial

1. Sistemas Organizacionais:

- As empresas são vistas como sistemas, nos quais diferentes elementos (funcionários, departamentos, produtos) estão interconectados.
- Cada elemento do sistema tem um lugar e uma função específicos, e o equilíbrio e ordem destes são cruciais para o sucesso da empresa.

A abordagem da Constelação Empresarial considera as empresas como sistemas complexos, similares aos sistemas familiares, em sua dinâmica interna e de inter-relacionamentos. Cada componente ou elemento dentro deste sistema desempenha um papel crucial e está interconectado de maneiras que frequentemente transcendem as estruturas organizacionais visíveis. Vamos explorar mais a fundo os detalhes sobre como as empresas são vistas como sistemas e a importância da ordem e do equilíbrio desses sistemas para o sucesso empresarial.

Elementos Interconectados

1. Componentes do Sistema:

- **Funcionários:** Cada funcionário traz suas próprias habilidades, experiências e histórias pessoais, que influenciam como eles interagem dentro do sistema empresarial.
- **Departamentos:** Os departamentos funcionam como subsistemas dentro da empresa, cada um com suas próprias funções, normas e objetivos que devem alinhar-se com a visão maior da organização.

- **Produtos e Serviços:** Os produtos ou serviços oferecidos são o resultado final da atividade empresarial e estão intrinsecamente ligados ao desempenho e à percepção do sistema como um todo.

2. Interconexões:

As interações entre esses elementos não são apenas lineares ou hierárquicas; elas são complexas e dinâmicas. Por exemplo, a maneira como um departamento comunica-se pode afetar diretamente o desempenho de outro, ou a moral de um grupo de funcionários pode influenciar a produtividade em várias partes da empresa.

Lugar e Função Específicos

1. Definição de Papéis:

- Cada elemento dentro do sistema organizacional possui um papel definido, que deve ser claramente entendido e respeitado para manter a ordem e a eficácia.

- A clareza de papéis ajuda a prevenir conflitos e mal-entendidos, assegurando que cada parte do sistema saiba o que se espera dela e como suas ações afetam o todo.

2. Manutenção do Equilíbrio:

- O equilíbrio dentro do sistema organizacional é crucial para sua saúde e eficácia. Isso inclui equilibrar as necessidades e expectativas entre diferentes níveis da organização, desde a liderança até os novos funcionários.

- Desbalanços podem surgir de favoritismos, conflitos não resolvidos ou uma distribuição desigual de recursos e reconhecimento.

Importância da Ordem

1. Respeito pela Hierarquia:

O respeito pela hierarquia estabelecida e pelas estruturas organizacionais é fundamental para a manutenção da ordem. Isso não implica rigidez excessiva, mas sim uma compreensão de como diferentes níveis de responsabilidade e autoridade interagem para o benefício comum.

2. Adaptação e Flexibilidade:

- Enquanto a ordem é essencial, os sistemas também devem ser flexíveis o suficiente para se adaptarem às mudanças internas e externas. A capacidade de adaptar-se mantendo a ordem estrutural é um indicativo de um sistema empresarial robusto.

Conclusão

Compreender uma empresa como um sistema organizacional interconectado permite aos líderes e gestores visualizar melhor as complexidades internas e os desafios. A Constelação Empresarial, ao focar o lugar e a função de cada elemento dentro desse sistema, e na manutenção do equilíbrio e da ordem, oferece uma abordagem poderosa para melhorar a saúde organizacional e garantir o sucesso contínuo da empresa.

2. Dinâmicas Ocultas:

- Muitos problemas organizacionais são o resultado de dinâmicas ocultas e não resolvidas, como lealdades invisíveis, conflitos de gerações anteriores de gestores, ou questões não resolvidas entre fundadores.
- A constelação empresarial ajuda a trazer essas dinâmicas à luz, permitindo que sejam trabalhadas e resolvidas.

As dinâmicas ocultas em uma organização são forças invisíveis que influenciam comportamentos, decisões e relações de maneira profunda, muitas vezes sem que os membros da organização estejam plenamente conscientes de sua presença ou impacto. A Constelação Empresarial é uma ferramenta eficaz para explorar e resolver essas dinâmicas, promovendo uma compreensão mais profunda e facilitando mudanças positivas. Vamos detalhar ainda mais como essas dinâmicas funcionam e como podem ser abordadas.

Natureza das Dinâmicas Ocultas

1. Lealdades Invisíveis:

- **Origem Familiar ou Histórica:** Muitas vezes, as lealdades invisíveis têm origens em compromissos não expressos ou expectativas não cumpridas de gerações anteriores de líderes ou fundadores.

- **Influência nas Decisões:** Essas lealdades podem levar a decisões que não se alinham necessariamente com os objetivos atuais da organização, mas que servem para honrar um antigo líder ou a visão original da empresa.

2. Conflitos de Gerações de Gestores:

- **Transição de Liderança:** Conflitos podem surgir durante transições de liderança, especialmente quando novos líderes tentam implementar mudanças que estão em desacordo com as normas ou tradições estabelecidas por seus predecessores.

- **Resistência à Mudança:** A resistência pode ser particularmente forte se os membros da organização se sentirem ainda leais às práticas e valores dos líderes anteriores.

3. Questões Não Resolvidas entre Fundadores:

- **Impasses e Conflitos:** Disputas ou desacordos entre fundadores podem deixar cicatrizes duradouras na cultura organizacional, afetando a tomada de decisão e a coesão interna.

- **Impacto em Longo Prazo:** Mesmo após a saída dos fundadores, suas influências podem continuar afetando a dinâmica da empresa, especialmente se as questões entre eles não foram adequadamente resolvidas.

Abordagem da Constelação Empresarial para Resolver Dinâmicas Ocultas

1. Identificação e Reconhecimento:

- **Sessões de Constelação:** Durante uma sessão de constelação, representantes são usados para simbolizar diferentes aspectos da organização, incluindo essas dinâmicas ocultas.
- **Visualização das Dinâmicas:** As configurações físicas e interações entre os representantes ajudam a visualizar as relações e lealdades ocultas, trazendo-as à consciência da liderança.

2. Trabalho e Resolução:

- **Intervenções Estratégicas:** O facilitador pode sugerir movimentos ou declarações específicas aos representantes para alterar as dinâmicas observadas, simbolizando mudanças nos padrões de comportamento e relacionamento.
- **Desenvolvimento de Estratégias:** Com base nos *insights* da sessão, estratégias podem ser desenvolvidas para lidar diretamente com as questões identificadas, como reestruturar a liderança, revisar os valores da empresa, ou abordar conflitos não resolvidos.

Benefícios da Resolução de Dinâmicas Ocultas

- **Melhoria na Eficiência e Harmonia Organizacional:** Resolver essas questões pode levar a uma melhora significativa na eficiência operacional e na harmonia interna.

- **Fortalecimento da Cultura Organizacional:** Uma compreensão clara e um alinhamento com os valores e objetivos atuais da empresa fortalecem a cultura organizacional e apoiam o desenvolvimento sustentável da organização.

Conclusão

As dinâmicas ocultas são forças poderosas que podem moldar o destino de uma organização. Ao utilizar a Constelação Empresarial para trazer essas dinâmicas à luz e resolvê-las, as empresas podem não apenas melhorar seu funcionamento interno, mas também posicionar-se para o sucesso a longo prazo de maneira mais eficaz e alinhada.

3. Respeito pela Hierarquia:

- A hierarquia dentro da organização deve ser clara e respeitada para que o sistema funcione harmoniosamente.

- Problemas frequentemente surgem quando a hierarquia é desrespeitada ou mal definida.

O respeito pela hierarquia é fundamental para manter a estabilidade e a eficiência em qualquer organização. Em uma estrutura bem definida e respeitada, cada membro do sistema compreende seu papel, responsabilidades e a quem deve reportar-se, o que facilita a comunicação eficiente e a tomada de decisões. Vamos explorar mais detalhadamente a importância do respeito pela hierarquia e as consequências de sua violação.

Funções da Hierarquia Organizacional

1. Claridade de Papéis e Responsabilidades:

- **Definição de Papéis:** A hierarquia clara assegura que cada funcionário conheça seu papel dentro da organização. Isso inclui entender suas responsabilidades específicas, a quem devem reportar e quais são suas expectativas.

- **Eficiência Operacional:** Quando os papéis são claros e respeitados, os processos operacionais tendem a ser mais eficientes, pois cada membro da equipe sabe exatamente o que precisa fazer e com quem precisa comunicar-se para resolver problemas ou avançar em projetos.

2. Facilitação da Comunicação e do Fluxo de Informação:

- Fluxo de Comunicação: Uma hierarquia bem estruturada facilita o fluxo de informações de cima para baixo e vice-versa, garantindo que as informações importantes não se percam e que as decisões sejam comunicadas eficazmente.

- Resolução de Conflitos: Em uma estrutura hierárquica respeitada, existe um caminho claro para a resolução de conflitos, o que ajuda a minimizar perturbações e mal-entendidos.

Problemas de uma Hierarquia Mal Definida ou Desrespeitada

1. Conflitos e Confusão:

- **Sobrecarga e Conflitos:** Quando a hierarquia é desrespeitada ou não está clara, pode ocorrer sobrecarga de trabalho para alguns membros enquanto outros podem sentir-se subutilizados. Isso pode levar a conflitos internos e redução da moral.

- **Desorientação:** A falta de uma estrutura clara pode deixar os funcionários confusos sobre suas funções e responsabilidades, levando a uma queda na produtividade e aumento de erros.

2. Ineficiências na Tomada de Decisão:

- **Decisões Atrasadas ou Ineficazes:** Sem uma hierarquia clara, a tomada de decisão pode tornar-se lenta ou ineficaz, pois não está claro quem tem a autoridade para tomar decisões críticas.

- **Falta de Responsabilidade:** A ausência de uma hierarquia definida pode levar à falta de responsabilidade, situação em que ninguém se sente diretamente responsável pelos resultados ou falhas.

Estratégias para Fortalecer o Respeito pela Hierarquia

1. Comunicação Clara e Treinamento:

- **Treinamentos Regulares:** Oferecer treinamento regular para garantir que todos na organização compreendam a estrutura hierárquica e suas funções dentro dela.

- **Comunicação Transparente:** Manter a comunicação aberta e transparente sobre a importância da hierarquia e como ela ajuda a organização a alcançar seus objetivos.

2. Reforço Contínuo da Estrutura:

- **Revisões Periódicas:** Realizar revisões periódicas da estrutura organizacional para garantir que ela ainda serve ao propósito da empresa e fazer ajustes conforme necessário.

- **Reconhecimento e Recompensa:** Implementar um sistema de reconhecimento que valorize o respeito pela hierarquia e as contribuições individuais conforme os papéis definidos.

Conclusão

O respeito pela hierarquia é essencial para qualquer organização que deseje operar de maneira eficaz e harmoniosa. Manter uma estrutura hierárquica clara e respeitada não apenas otimiza a eficiência e a comunicação, mas também contribui para um ambiente de trabalho mais estável e produtivo. Implementar estratégias para reforçar e respeitar essa hierarquia é crucial para o sucesso organizacional a longo prazo.

Processo de Constelação Empresarial

1. Identificação do Problema:

- A primeira etapa envolve identificar o problema específico ou a questão que precisa ser abordada. Isso pode ser feito através de entrevistas com a liderança e pesquisas dentro da empresa.

Ao lidar com questões organizacionais usando a Constelação Empresarial, a primeira etapa crucial é identificar claramente o problema ou a questão que precisa ser abordada. Este processo inicial de identificação é fundamental, pois define a direção e o foco das intervenções subsequentes.

Aqui está um passo a passo detalhado sobre como realizar essa primeira etapa efetivamente:

Passo 1: Identificar o Problema ou Questão Específica

1. Definição de Objetivos

Antes de começar, é importante definir claramente o que você deseja alcançar com a constelação empresarial. Isso pode incluir a melhoria da comunicação interna, a resolução de conflitos entre departamentos, a gestão de mudanças, ou o aprimoramento das relações de trabalho.

2. Reuniões com a Liderança

- **Agendar Reuniões:** Organize reuniões com membros-chave da liderança para discutir as áreas de preocupação. É crucial envolver a alta gestão, pois eles têm uma visão abrangente dos problemas organizacionais e estratégicos.

- **Discussão Aberta:** Encoraje uma discussão aberta sobre as dificuldades enfrentadas pela organização. Pergunte sobre desafios recentes, mudanças na empresa, e quaisquer outros eventos ou dinâmicas que possam ter contribuído para o problema atual.

3. Pesquisas Dentro da Empresa

- **Desenvolvimento de Pesquisa:** Crie um questionário que possa ser distribuído aos funcionários para obter uma visão mais ampla dos problemas dentro da organização. Certifique-se de incluir questões que permitam aos funcionários expressar suas preocupações e percepções sobre o ambiente de trabalho.

- **Análise de Dados:** Colete e analise os dados obtidos para identificar padrões ou temas comuns que necessitam de atenção. Esta análise ajudará a verificar se as preocupações da liderança alinham-se com a experiência dos funcionários.

4. Entrevistas com Funcionários

- **Seleção de Entrevistados:** Além das pesquisas, selecione um grupo diversificado de funcionários para entrevistas mais profundas. Isso deve incluir representantes de diferentes níveis e departamentos.

- **Entrevistas Detalhadas:** Conduza entrevistas confidenciais para entender as experiências individuais e coletar *insights* adicionais sobre as dinâmicas internas e preocupações que podem não ter sido totalmente capturadas pela pesquisa.

5 Compilação e Análise de Informações

- **Compilação dos Dados:** Reúna todas as informações obtidas através das reuniões, pesquisas e entrevistas em um documento compreensivo.

- **Identificação de Temas Chave:** Identifique temas ou problemas recorrentes que aparecem nos dados. Estes temas se tornarão o foco da sessão de constelação empresarial.

6. Planejamento da Sessão de Constelação

- **Definição de Foco:** Com base nos problemas identificados, defina o foco específico para a sessão de constelação. Isto pode envolver questões como liderança, cooperação entre departamentos, ou moral da equipe.

- **Preparação dos Participantes:** Escolha quem representará diferentes roles ou aspectos da organização na constelação. Prepare os participantes sobre o objetivo da sessão e o que esperar.

Conclusão

Identificar corretamente o problema ou questão é fundamental para o sucesso da Constelação Empresarial. Este processo detalhado não só garante que os verdadeiros problemas sejam trazidos à luz, mas também prepara o terreno para intervenções mais eficazes e orientadas para soluções durante a sessão de constelação.

2. Configuração da Constelação:

- Uma vez identificado o problema, uma sessão de constelação é organizada. Representantes são escolhidos para diferentes elementos do sistema empresarial, como diferentes departamentos, projetos ou figuras chave.

- Esses representantes são posicionados no espaço de forma a refletir suas relações percebidas dentro da empresa.

Organizar e configurar uma sessão de constelação empresarial é uma etapa crucial para abordar e resolver problemas organizacionais identificados anteriormente. A configuração da constelação envolve a representação simbólica das dinâmicas e relações dentro da organização, utilizando pessoas como representantes dos vários elementos ou influências dentro da empresa.

Aqui está um passo a passo detalhado sobre como realizar essa configuração:

Passo 2: Configuração da Constelação

1. Preparação da Sessão

- **Escolha do Local:** Escolha um espaço amplo e tranquilo onde a sessão de constelação possa ser conduzida sem interrupções. O local deve permitir que os representantes se movam e se posicionem livremente.

- **Materiais Necessários:** Prepare materiais que possam ser necessários, como marcadores para o chão, cadeiras para os participantes e notas adesivas para identificação.

2. Seleção dos Representantes

- **Identificação dos Elementos:** Baseando-se nos problemas identificados, determine quais elementos do sistema empresarial devem ser representados na constelação. Isso pode incluir departamentos específicos, projetos, produtos, figuras chave (como o CEO ou fundador), e até mesmo conceitos abstratos como a missão da empresa ou a cultura organizacional.

- **Escolha dos Representantes:** Selecione indivíduos para atuar como representantes desses elementos. Esses indivíduos podem ser outros funcionários, membros da equipe de liderança, ou até mesmo consultores externos, dependendo do contexto e da natureza do problema.

3. Posicionamento dos Representantes

- **Instruções Iniciais:** Explique claramente aos representantes o propósito da sessão e como eles devem comportar-se. Informe que eles serão guiados para se moverem e responderem intuitivamente às posições dos outros representantes.

- **Configuração Inicial:** Posicione os representantes no espaço de acordo com as relações percebidas e discutidas durante a fase de identificação do problema. Cada representante deve começar em uma posição que simbolize sua relação atual dentro da organização.

4. Dinâmica da Constelação

- **Observação das Interações:** Observe as interações entre os representantes à medida que eles reagem às suas posições uns dos outros. É comum que os representantes sintam emoções ou tensões que refletem as dinâmicas ocultas da organização.

- **Ajustes de Posição:** Encoraje os representantes a moverem-se intuitivamente se sentirem que suas posições atuais não são adequadas. O facilitador pode sugerir movimentos que ajudem a revelar mais claramente as relações e tensões.

5. Exploração e Intervenção

- **Exploração de Dinâmicas:** Permita que os representantes expressem o que estão sentindo em suas posições e interações. Essas expressões podem proporcionar *insights* profundos sobre as relações e problemas dentro da organização.

- **Intervenções:** Baseado nas dinâmicas observadas, o facilitador pode introduzir intervenções simbólicas, como aproximar representantes distantes ou reorientar alguns deles, para explorar soluções potenciais para os problemas identificados.

6. Reflexão e Discussão

- **Discussão Coletiva:** Após a sessão, conduza uma discussão com todos os participantes, incluindo os representantes e observadores, para refletir sobre as experiências e as dinâmicas reveladas.

- **Insights e Ações:** Compile os *insights* coletados durante a sessão e discuta como eles podem ser traduzidos em ações concretas para melhorar a organização.

Conclusão

A configuração da constelação é uma etapa poderosa que utiliza representação simbólica para desvendar e trabalhar dinâmicas complexas dentro de uma empresa. Este processo não só ajuda a identificar soluções para problemas prementes, mas também fortalece a compreensão e a coesão entre os membros da organização.

3. Observação das Dinâmicas:

- O facilitador observa as interações entre os representantes para identificar dinâmicas ocultas, resistências, e alinhamentos ou desalinhamentos na estrutura organizacional.

- Intervenções podem ser feitas para explorar soluções ou reconfigurar a disposição para alcançar um melhor equilíbrio.

A fase de observação das dinâmicas durante uma sessão de constelação empresarial é crucial para identificar as forças subjacentes que afetam a organização. Esta etapa permite ao facilitador compreender as interações complexas entre os representantes, revelando problemas ocultos e oportunidades para realinhamento estratégico.

Aqui está um guia passo a passo sobre como realizar eficazmente esta parte do processo de constelação.

Passo 3: Observação das Dinâmicas na Constelação Empresarial

1. Preparação para a Observação

- **Definição de Foco:** Antes de iniciar a sessão, o facilitador deve estar esclarecido sobre os problemas ou temas específicos que a constelação visa abordar. Isso ajuda a direcionar a observação para áreas relevantes.

- **Contextualização:** Certifique-se de que todos os participantes entendam seu papel e o propósito da sua participação, reforçando a importância de suas reações intuitivas e movimentos espontâneos.

2. Início da Observação

- **Monitoramento Ativo:** O facilitador deve observar cuidadosamente as interações entre os representantes, prestando atenção a qualquer mudança de posição, linguagem corporal, expressões faciais ou emoções manifestadas.

- **Notas Detalhadas:** Manter um registro detalhado das observações é crucial. Anotar quaisquer padrões, resistências, atrações ou repulsas que surgem entre os representantes pode fornecer *insights* valiosos.

3. Identificação de Dinâmicas Ocultas

- **Resistências e Alinhamentos:** Identifique áreas em que parece haver resistência (por exemplo, um representante se afasta ou parece desconfortável perto de outro) ou alinhamento (por exemplo, representantes que parecem naturalmente inclinados a mover-se em direção um ao outro).

- **Dinâmicas de Poder e Influência:** Observar como os representantes reagem à proximidade de figuras de liderança ou entidades abstratas como a 'missão da empresa' pode revelar muito sobre a distribuição de poder e influência dentro da organização.

5. Intervenções Estratégicas

- **Sugestões de Movimento:** Com base nas dinâmicas observadas, o facilitador pode sugerir que representantes alterem suas posições no espaço. Por exemplo, pedir a um representante que dê um passo em direção ou afaste-se de outro para testar como isso afeta a dinâmica geral.

- **Exploração de Alterações:** Após cada movimento, o facilitador deve perguntar aos representantes como se sentem em suas novas posições e observar como isso muda as interações com os outros.

6. Discussão e Reflexão

- *Feedback* **dos Representantes:** Após realizar intervenções, é importante reunir *feedback* dos representantes sobre como eles se sentiram durante os movimentos, o que perceberam e quaisquer mudanças em suas percepções.

- **Análise Coletiva:** Discuta as observações com todos os participantes, permitindo que compartilhem suas percepções e sugestões. Isso pode ajudar a consolidar os *insights* obtidos e a formular um plano de ação.

7. Planejamento de Ações Futuras

- **Tradução de *Insights* em Ações:** Com base nas dinâmicas observadas e no *feedback* dos participantes, o facilitador deve ajudar a organização a desenvolver estratégias para abordar as questões reveladas pela constelação.

- **Acompanhamento:** Estabeleça um plano para monitorar os efeitos das mudanças implementadas e continuar ajustando as estratégias conforme necessário.

Conclusão

A observação das dinâmicas na constelação empresarial é um processo dinâmico que exige atenção, sensibilidade e a capacidade de fazer intervenções ponderadas. Ao explorar eficazmente essas interações, as organizações podem ganhar uma compreensão mais profunda dos desafios ocultos que enfrentam e desenvolver abordagens mais eficazes para superá-los, promovendo um ambiente mais equilibrado e produtivo.

4. Resolução e Ação:

- Após a constelação, o facilitador e os líderes da empresa discutem as percepções e movimentos observados durante a sessão.

- Plano de ação é desenvolvido para implementar as mudanças necessárias na organização real com base nas descobertas.

A fase de resolução e ação é crucial após uma sessão de constelação empresarial, pois é o momento em que os *insights* e as percepções obtidos são transformados em ações concretas para melhorar a organização.

Aqui está um passo a passo detalhado sobre como conduzir efetivamente esta etapa:

Passo 4: Resolução e Ação na Constelação Empresarial

1. Revisão e Discussão das Percepções

- **Reunião de *Debriefing*:** Logo após a sessão de constelação, organize uma reunião de *debriefing* com todos os participantes chave, incluindo líderes da empresa e o facilitador. Este é um momento crítico para capturar as impressões frescas da sessão enquanto ainda estão claras na mente de todos.

- **Compartilhamento de Observações:** Cada participante compartilha suas percepções, sentimentos e quaisquer mudanças de perspectiva que experimentaram durante a sessão. O facilitador deve guiar a discussão, ajudando a conectar essas percepções com os objetivos iniciais da constelação.

2. Análise das Dinâmicas e Movimentos Observados

- **Identificação de Padrões:** Discuta os padrões, dinâmicas e movimentos observados durante a constelação. Concentre-se em como essas dinâmicas podem estar influenciando os problemas existentes na organização.

- **Conexões com a Realidade Organizacional:** Faça a ponte entre os símbolos e representações da constelação e as situações reais na organização. Isso ajuda a transformar metáforas e simbolismos em entendimentos aplicáveis.

3. Desenvolvimento do Plano de Ação

- **Definição de Objetivos de Ação:** Com base nas discussões, defina objetivos claros para o que a organização precisa abordar ou mudar. Esses objetivos devem ser específicos, mensuráveis, alcançáveis, relevantes e temporalmente definidos (critérios SMART).

- **Atribuição de Responsabilidades:** Designe responsáveis para cada ação. Certifique-se de que cada pessoa responsável tenha os recursos e a autoridade necessários para implementar as mudanças.

4. Implementação das Ações

- **Planejamento Detalhado:** Para cada ação, desenvolva um

plano detalhado que inclua etapas específicas, prazos e indicadores de sucesso. Este plano deve ser documentado e acessível a todos os envolvidos.

- **Início da Implementação:** Comece a implementar as ações conforme planejado. Isso pode envolver desde reestruturações organizacionais, alterações nos processos de comunicação, até treinamentos e desenvolvimento de equipes.

5. Monitoramento e Ajuste

- **Acompanhamento Regular:** Estabeleça um sistema de acompanhamento regular para avaliar o progresso das ações implementadas. Isso pode incluir reuniões periódicas de acompanhamento, relatórios de *status* e *feedback* dos *stakeholders*.

- **Ajustes Baseados em *Feedback*:** Esteja aberto para fazer ajustes nas ações com base no *feedback* e nos resultados obtidos. A flexibilidade é crucial para garantir que as intervenções sejam eficazes e alinhadas com as necessidades em evolução da organização.

6. Avaliação e *Feedback* Final

- **Avaliação de Impacto:** Após um período definido, avalie o impacto das ações sobre a organização. Use indicadores específicos definidos no plano de ação para medir o sucesso.

- **Sessão de *Feedback*:** Realize uma sessão final de *feedback* com todos os envolvidos para discutir os resultados, aprender com o processo e planejar futuras ações, se necessário.

Conclusão

A fase de resolução e ação é essencial para garantir que os *insights* ganhos durante uma constelação empresarial sejam efetivamente aplicados para promover mudanças positivas dentro da organização.

Seguindo estes passos, as empresas podem não só resolver problemas existentes, mas também melhorar a dinâmica organizacional e fortalecer sua cultura para o futuro.

Benefícios da Constelação Empresarial

- **Melhoria na Comunicação:** Reduz conflitos e mal-entendidos, promovendo uma comunicação mais clara e eficaz.
- **Aumento da Eficiência Organizacional:** Resolve bloqueios que podem estar impedindo o fluxo de trabalho e a produtividade.
- **Harmonia no Ambiente de Trabalho:** Promove um ambiente mais harmonioso e colaborativo.
- **Planejamento Estratégico:** Oferece *insights* valiosos que podem ser usados no planejamento estratégico e na tomada de decisão.

A Constelação Empresarial é uma ferramenta poderosa para líderes e gestores que buscam entender melhor e otimizar a dinâmica de suas organizações. Ao resolver questões sistêmicas, as empresas podem funcionar de maneira mais suave e eficaz, alinhando suas estratégias e operações com a saúde do sistema organizacional como um todo.

Constelação Workshop

A Constelação Workshop é uma abordagem terapêutica que se baseia nos princípios da Constelação Familiar de Bert Hellinger e se adapta para um formato de grupo, facilitando o trabalho com múltiplas pessoas em um ambiente colaborativo. Esta técnica é especialmente eficaz para explorar e resolver questões pessoais, familiares ou organizacionais através da dinâmica de grupo.

A Constelação Workshop, adaptando os princípios das Constelações Familiares de Bert Hellinger para um formato grupal, proporciona uma experiência terapêutica rica e multifacetada. Esta abordagem, além de permitir a exploração de questões pessoais e familiares, também se estende a problemas organizacionais, aproveitando a dinâmica e a energia do grupo para encontrar resoluções. Vamos explorar mais sobre as características, benefícios e aplicações desta técnica.

Características Únicas da Constelação Workshop

Ambiente Colaborativo:

O ambiente de grupo cria uma atmosfera de apoio mútuo onde os participantes podem compartilhar experiências e oferecer *feedback* uns aos outros. Esta rede de suporte fortalece o processo de cura e permite que os *insights* sejam vistos de múltiplas perspectivas.

Dinâmica Grupal Dinâmica:

A energia e as interações dentro de um grupo podem acelerar o processo de descoberta e resolução. Os participantes frequentemente se beneficiam não apenas ao trabalhar em suas próprias questões, mas também ao servirem como representantes nas constelações dos outros, o que pode proporcionar *insights* adicionais para suas próprias vidas.

Flexibilidade no Tratamento de Temas:

Constelação Workshop pode ser adaptada para tratar uma ampla gama de temas, desde questões interiores profundas até desafios específicos de relacionamento ou problemas profissionais. Isso torna a abordagem versátil e amplamente aplicável em diversos contextos.

Benefícios da Constelação Workshop

1. Ampliação da Consciência:

Os participantes ganham uma compreensão mais profunda de como os padrões inconscientes de suas famílias de origem influenciam suas vidas atuais. Este conhecimento pode catalisar mudanças significativas e promover maior autonomia e bem-estar.

2. Resolução de Conflitos:

A técnica é particularmente eficaz na identificação e resolução de conflitos antigos, muitas vezes revelando soluções inesperadas que podem levar a uma paz duradoura entre membros da família ou colegas de trabalho.

3. Cura Emocional e Liberação:

Ao participar de uma constelação, os indivíduos podem experienciar uma profunda liberação emocional e cura, à medida que confrontam e trabalham através de emoções reprimidas e traumas.

Aplicações Práticas

Workshops Corporativos:

No ambiente corporativo, a Constelação Workshop pode ser usada para melhorar a dinâmica da equipe, resolver conflitos internos, e facilitar a mudança organizacional.

Seminários de Desenvolvimento Pessoal:

Organizações de desenvolvimento pessoal podem usar *workshops* de constelação para ajudar indivíduos a alcançar crescimento pessoal, compreender melhor seus comportamentos e melhorar relações pessoais.

Integração com Outras Terapias:

A Constelação Workshop pode ser combinada com outras formas de terapia, como aconselhamento psicológico, Terapia Cognitivo-Comportamental, ou *mindfulness*, para um tratamento mais holístico.

Conclusão

A Constelação Workshop é uma ferramenta poderosa e transformadora que tira proveito da energia coletiva e das dinâmicas de grupo para induzir mudanças profundas e duradouras. Seu uso não está limitado a ambientes terapêuticos privados; ela pode ser adaptada a ambientes corporativos, educacionais e comunitários, tornando-a uma abordagem versátil para o crescimento e a cura em muitos contextos diferentes.

Passo a Passo para Realizar um Workshop de Constelação

1. Planejamento e Preparação

- **Definição de Objetivos:** Antes de tudo, defina claramente os objetivos do *workshop*. Decida se o foco será em questões familiares, pessoais, profissionais ou uma combinação destes.

- **Escolha do Local:** Selecione um espaço que seja confortável e amplo o suficiente para permitir movimentação livre dos participantes. O lugar deve promover tranquilidade e concentração.

- **Recrutamento de Participantes:** Determine o número de participantes e faça o recrutamento. É importante que os participantes se comprometam a respeitar a confidencialidade e a integridade do processo.

2. Introdução e Contextualização

- **Abertura do Workshop:** Comece com uma breve introdução sobre o que é Constelação Familiar e como o *workshop* será conduzido. Explique os conceitos básicos e o propósito das atividades.

- **Estabelecimento de Regras:** Clarifique as regras básicas de interação, incluindo respeito mútuo, escuta ativa e não julgamento.

3. Desenvolvimento da Constelação

- **Escolha do Caso:** Inicie o *workshop* permitindo que os participantes expressem suas questões. Selecione um caso para ser trabalhado, geralmente através de voluntariado ou votação.

- **Seleção de Representantes:** A pessoa cuja questão será explorada escolhe representantes entre os outros participantes para os membros de sua família, elementos de sua vida profissional ou aspectos emocionais relevantes.

- **Posicionamento Inicial:** Os representantes são posicionados no espaço pelo constelados, de acordo com a sua intuição inicial sobre as relações entre eles.

4. Observação e Movimento

- **Movimentos Espontâneos:** Permita que os representantes se movam conforme se sentirem compelidos, baseando-se em suas intuições e nas emoções que emergem ao representar seus papéis.

- **Facilitação do Facilitador:** O facilitador observa as dinâmicas que se desdobram e pode sugerir movimentos ou expressões para os representantes, buscando revelar *insights* e resolver bloqueios emocionais.

5. Integração e Fechamento

- **Discussão e Reflexão:** Após a constelação, conduza uma sessão de discussão na qual o constelados e os representantes possam compartilhar suas experiências e *insights*. Discuta as novas percepções e como elas podem influenciar a vida do constelados.

- **Fechamento Ritualístico:** Encerre o *workshop* com um ritual ou atividade de fechamento que ajude todos os participantes a deixarem os papéis que assumiram, retornando ao seu estado normal.

6. Follow-up

- **Suporte Pós-Workshop:** Ofereça recursos de apoio, como literatura adicional, grupos de apoio ou sessões de *follow-up*, para ajudar os participantes a processarem as experiências e aplicarem os *insights* em suas vidas.

Considerações Finais

Workshops de Constelação são poderosos e podem provocar emoções intensas e revelações profundas. É vital que o facilitador tenha treinamento adequado e seja capaz de manejar a dinâmica do grupo e as necessidades emocionais dos participantes com sensibilidade e habilidade. Esta abordagem não só oferece soluções para questões pessoais profundas, como também fortalece a comunidade através da conexão e suporte mútuos.

Principais Temas para Constelar

As possibilidades de temas para constelar em sessões de Constelação Familiar ou Workshop são amplas e diversificadas, refletindo a complexidade das questões humanas. Estes temas podem abranger desde dinâmicas pessoais e familiares até questões profissionais e organizacionais.

A seguir estão algumas categorias e exemplos específicos de temas frequentemente explorados em constelações:

Questões Familiares e Pessoais

- **Relacionamentos Familiares:** Dinâmicas entre pais e filhos, irmãos, ou entre gerações diferentes dentro de uma família.
- **Conflitos Conjugais:** Problemas de relacionamento entre casais, como questões de infidelidade, divórcio ou desentendimentos persistentes.
- **Traumas e Lutos:** Lidar com a perda de entes queridos, processos de luto, ou traumas passados que afetam a dinâmica atual da família.

- **Saúde Mental e Física:** Problemas de saúde que podem ter raízes emocionais ou psicológicas, incluindo doenças crônicas e transtornos mentais.

- **Padrões de Comportamento:** Vícios, comportamentos autodestrutivos, ou padrões recorrentes de fracasso ou sabotagem.

Questões Profissionais e Organizacionais

- **Dinâmicas no Local de Trabalho:** Relações entre colegas, problemas de liderança, conflitos de equipe.

- **Decisões de Carreira:** Mudanças de emprego, escolhas de carreira, bloqueios ao sucesso profissional.

- **Cultura Organizacional:** Questões relacionadas com a missão da empresa, valores, ou mudanças estruturais.

- **Sucessão Empresarial:** Transição de poder em empresas familiares, preparação de novas gerações para liderança.

Questões Sociais e Comunitárias

- **Relacionamentos Sociais:** Amizades, relações sociais, pertencimento a grupos ou comunidades.

- **Engajamento Cívico:** Ativismo, participação comunitária, responsabilidade social.

- **Integração Cultural:** Desafios enfrentados por imigrantes ou minorias, integração cultural e identidade.

Desenvolvimento Pessoal e Espiritual

- **Crescimento Pessoal:** Autoconhecimento, autodesenvolvimento, superação de limites pessoais.

- **Questões Espirituais:** Busca por significado, questões de fé, relação com o transcendente.

Educação e Desenvolvimento

- **Desafios Educacionais:** Problemas na escola ou universidade, relação com professores ou alunos.
- **Desenvolvimento Infantil:** Questões relativas ao desenvolvimento emocional e psicológico das crianças.

Aspectos Financeiros e Legais

- Questões Financeiras: Problemas de dívidas, heranças, gestão financeira familiar.
- Questões Legais: Disputas legais, litígios, questões de justiça e equidade.

Cada um desses temas pode ser explorado individualmente ou em combinação com outros, dependendo da complexidade dos problemas apresentados pelos participantes da constelação. A flexibilidade das constelações permite que elas sejam adaptadas para abordar praticamente qualquer questão que possa estar impactando a vida de um indivíduo ou de um grupo.

A Constelação Familiar pode se aprofundar ainda mais em uma variedade de temas, cada um com nuances e implicações específicas para os envolvidos. Além das categorias já mencionadas, aqui estão algumas ampliações e considerações adicionais sobre os temas que podem ser abordados nas constelações:

Desenvolvimento de Capacidades e Talentos

- **Exploração de Potenciais:** Identificação e superação de bloqueios ao desenvolvimento de habilidades e talentos, sejam eles artísticos, esportivos, acadêmicos ou outros.
- **Encorajamento da Criatividade:** Abordagem de bloqueios criativos ou dificuldades em expressar a criatividade pessoal.

Questões de Identidade e Autoimagem

- **Identidade de Gênero e Sexualidade:** Exploração de questões relacionadas à identidade de gênero, orientação sexual e aceitação social e familiar.

- **Autoestima e Autoimagem:** Trabalho sobre como as imagens internas formadas por experiências passadas afetam a percepção de si mesmo e as relações com os outros.

Dinâmicas de Poder e Controle

- **Relações de Poder:** Examinar e resolver dinâmicas de poder desequilibradas em relacionamentos pessoais ou profissionais.

- **Abuso e Vitimização:** Tratamento de experiências de abuso, seja físico, emocional ou psicológico, e a reconstrução da força pessoal.

Enfrentando Grandes Mudanças de Vida

- **Transições Importantes:** Como mudanças significativas (mudança de país, novos começos após divórcio ou morte de um ente querido) afetam a dinâmica familiar e pessoal.

- **Aposentadoria e Mudanças de Fase de Vida:** Adaptar-se às novas fases da vida, como aposentadoria ou a transição para a parentalidade.

Relações Intergeracionais e Ancestrais

- **Influências Ancestrais:** Exploração de como as histórias e traumas dos antepassados continuam a influenciar as gerações presentes.

- **Herança Cultural e Familiar:** Discussão sobre o impacto da herança cultural e as expectativas familiares nas escolhas e comportamentos individuais.

Integração de Perdas e Traumas

- **Processamento de Luto:** Trabalho em torno da perda de entes queridos, incluindo *pets*, e o impacto emocional prolongado dessas perdas.

- **Superando Traumas Históricos e Coletivos:** Abordagem de traumas que afetam comunidades inteiras ou grupos sociais, como desastres naturais, guerras ou pandemias.

Implementação Prática

- **Workshops e Retiros:** Organizar *workshops* ou retiros que se concentrem em temas específicos, permitindo um trabalho mais profundo e focado.

- **Sessões Contínuas:** Para temas particularmente complexos ou profundamente enraizados, considerar sessões contínuas que permitam um desenvolvimento gradual e sustentado.

A constelação familiar é uma ferramenta versátil que se adapta a uma vasta gama de questões e configurações, facilitando o trabalho terapêutico em muitos contextos diferentes, proporcionando *insights* profundos e promovendo cura e compreensão em muitos níveis.

Interpretação de posicionamento de campo

A leitura de campo sistêmico em uma constelação é uma técnica usada pelos facilitadores para interpretar as dinâmicas e energias manifestadas pelos representantes durante uma sessão. Cada posição ou movimento dos representantes pode oferecer *insights* significativos sobre as relações e as questões subjacentes no sistema que está sendo explorado. A seguir, descrevo em formato de lista como um constelador pode interpretar as posições dos representantes durante uma sessão de constelação:

Interpretação das Posições dos Representantes

1. Proximidade entre Representantes

- **Muito Próximos:** Pode indicar uma relação muito intensa ou dependente. Também pode representar conflitos não resolvidos que mantêm as pessoas "presas" uma à outra.

- **Distantes:** Sugere desconexão, rejeição, ou uma necessidade de distância emocional ou física entre os representados.

2. Direção para onde os Representantes estão olhando

- **Olhando Diretamente um para o Outro:** Pode indicar uma conexão direta e significativa, um confronto ou um desafio entre as partes.

- **Desviando o Olhar:** Frequentemente simboliza evitação, negação de uma relação ou desconforto com a situação ou pessoa representada.

3. Movimento dos Representantes

- **Movendo-se para Frente:** Geralmente mostra um desejo de avançar na relação ou situação, ou uma tentativa de enfrentar um problema.

- **Recuando:** Pode indicar medo, resistência ou uma necessidade de retirar-se de uma relação ou situação desconfortável.

Imagem para interpretar os movimentos das três sessões anteriores

Aqui está uma ilustração do workshop de constelação, mostrando um grupo de pessoas em posições específicas que refletem as dinâmicas descritas anteriormente. A imagem captura detalhes como proximidade entre os representantes, a direção do olhar, e o movimento, simbolizando diferentes aspectos das relações e emoções. Você pode visualizar a imagem acima.

_____
_____
_____
_____
_____
_____
_____
_____
_____

Aqui está a nova ilustração do workshop de constelação, mostrando interações variadas entre os participantes que representam diferentes dinâmicas familiares, como abraços apertados, isolamento, conflitos, abertura para reconciliação e hesitação. Você pode visualizar a imagem acima.

_____
_____
_____
_____
_____
_____
_____

4. Posições Relativas Altas e Baixas

- **Um Representante Está de Pé e o Outro Sentado ou Ajoelhado:** Pode refletir uma dinâmica de poder desequilibrada, na qual uma pessoa domina ou protege e a outra é submissa ou vulnerável.

- **Ambos no Mesmo Nível:** Sugere igualdade ou equilíbrio na relação.

5. Mudanças Súbitas na Posição ou Comportamento

- **Alterações Repentinas:** Se um representante muda de posição abruptamente, isso pode refletir um trauma ou mudança súbita na história familiar ou organizacional.

- **Tremores ou Choros:** Manifestações físicas ou emocionais intensas podem indicar pontos de trauma ou liberação emocional significativa.

Aqui está a nova ilustração do workshop de constelação, mostrando diferentes interações baseadas nas posições relativas altas e baixas, bem como mudanças súbitas na posição ou comportamento dos participantes. A imagem captura uma dinâmica de poder desequilibrada e igualdade entre os representantes, além de representar momentos de trauma e liberação emocional. Você pode visualizar a imagem acima.

6. Interpretação de Grupos de Representantes

- **Grupos Formados:** Se os representantes formam naturalmente grupos durante a constelação, isso pode indicar subgrupos familiares ou alianças dentro de uma organização.

- **Isolamento de um Representante:** Um representante que fica isolado do resto pode simbolizar alguém esquecido, excluído ou marginalizado no sistema.

7. Resposta a Intervenções

- **Resposta Positiva:** Se os representantes respondem positivamente a uma mudança sugerida (por exemplo, se sentem mais leves ou mais felizes), isso pode indicar uma resolução benéfica ou uma direção positiva para seguir.

- **Resposta Negativa ou Neutra:** Se não houver mudança ou se a mudança provocar desconforto, isso pode indicar que a intervenção não abordou a questão subjacente ou que mais trabalho é necessário.

Aqui está a ilustração do workshop de constelação, mostrando diferentes dinâmicas entre os participantes. Na imagem, você pode ver grupos formados que sugerem subgrupos familiares ou alianças organizacionais, um representante isolado simbolizando

exclusão ou marginalização, e reações variadas a uma intervenção, com alguns mostrando alívio e felicidade e outros desconforto ou neutralidade. A configuração visa evocar um ambiente reflexivo e terapêutico. Você pode visualizar a imagem acima.

_____
_____
_____
_____
_____
_____
_____
_____
_____
_____

8. Interação Entre Representantes

- **Toque Entre Representantes:** Se os representantes se tocam, especialmente em momentos cruciais da constelação, isso pode indicar uma busca por conexão, reconciliação ou conforto.

- **Evitação de Toque:** Pode simbolizar traumas não resolvidos, rejeição ou barreiras emocionais entre as partes.

9. Reações Físicas e Emocionais

- **Reações Físicas Inesperadas:** Tontura, calor ou frio, por exemplo, podem indicar uma conexão intensa com o elemento ou pessoa que representam, revelando áreas de energia bloqueada ou fluxos emocionais intensos.

- **Expressões Emocionais:** Choro, riso ou raiva expressam não apenas os sentimentos dos representantes, mas podem também revelar emoções reprimidas dentro do sistema que eles representam.

Aqui está uma ilustração do workshop de constelação, mostrando interações específicas entre os representantes. Na imagem, alguns estão se tocando, indicando busca por conexão, reconciliação ou conforto, enquanto outros evitam o toque, simbolizando traumas não resolvidos ou barreiras emocionais. Também são retratadas reações físicas como tontura e expressões emocionais intensas, como choro, riso e raiva, refletindo estados emocionais profundos e sentimentos reprimidos. Você pode visualizar a imagem acima.

_____

_____

_____

_____

_____

_____

10. Padrões Repetitivos

- **Repetição de Posições ou Configurações:** Quando um padrão se repete em diferentes constelações ou com diferentes representantes, isso pode indicar um tema ou trauma persistente dentro do sistema que necessita de atenção contínua.

JOSI MEDA

Aqui está a ilustração do workshop de constelação, destacando padrões repetitivos nas posições dos representantes. A imagem mostra múltiplos pequenos grupos arranjados em configurações semelhantes por diferentes áreas do ambiente, sugerindo temas ou traumas persistentes que necessitam de atenção contínua. O ambiente reflete uma atmosfera reflexiva e terapêutica, enfatizando a natureza cíclica dessas dinâmicas. Você pode visualizar a imagem acima.

_____
_____
_____
_____
_____
_____
_____

11. Uso de Símbolos e Objetos

- **Incorporação de Elementos Simbólicos:** O uso de objetos ou símbolos durante a constelação pode ajudar a revelar dinâmicas ocultas ou oferecer novas perspectivas sobre a situação. Por exemplo, um objeto que representa dinheiro pode trazer à luz questões financeiras impactantes dentro de uma família ou empresa.

Aqui está a ilustração do workshop de constelação, mostrando pessoas utilizando objetos simbólicos para explorar dinâmicas ocultas. Na imagem, os representantes estão segurando ou interagindo com itens como uma casa de brinquedo, um relógio e uma pilha de moedas, cada um representando diferentes aspectos como lar, tempo e questões financeiras. Esses símbolos ajudam a ilustrar as conexões entre os elementos físicos e as interpretações emocionais ou situacionais que eles evocam em um contexto terapêutico. Você pode visualizar a imagem acima.

_____
_____
_____
_____
_____
_____

12. Feedback dos Representantes Após a Sessão

- **_Insights_ Pós-Constelação:** Encorajar os representantes a compartilhar suas experiências e _insights_ após a constelação pode fornecer informações valiosas sobre a precisão das interpretações e áreas que ainda podem precisar de trabalho.

13. Processo de Fechamento e Reflexão

a. Avaliação do Processo

- **Avaliar a Constelação:** No final da sessão, é importante revisitar os objetivos iniciais e avaliar se eles foram atendidos. Isso pode incluir uma discussão sobre o que mudou, o que foi aprendido e quais os próximos passos.

b. Plano de Ação Pós-Constelação

- **Desenvolvimento de um Plano de Ação:** Baseando-se nos *insights* e mudanças identificadas, desenvolver um plano de ação para o constelados seguir adiante, garantindo que o trabalho realizado na constelação seja integrado e aplicado na vida real.

c. Suporte Contínuo

- **Oferecer Suporte:** Fornecer recursos, como leituras recomendadas, sessões de *follow-up* ou encaminhamento para outros profissionais pode ser crucial para ajudar o constelados a continuar seu processo de crescimento e cura.

Conclusão

A leitura de campo sistêmico não é apenas uma técnica, mas uma arte que requer sensibilidade, intuição e a habilidade de conectar profundamente com as histórias e emoções humanas. Um facilitador habilidoso pode guiar os participantes através de um processo transformador que não só traz à luz dinâmicas ocultas, mas oferece caminhos para a resolução e a cura.

Considerações Finais

As interpretações do constelador devem ser vistas como hipóteses iniciais e não como diagnósticos definitivos. O facilitador deve permanecer aberto a correções ou ajustes conforme novas informações ou reações emergem dos representantes. Esta sensibilidade e flexibilidade são essenciais para conduzir uma constelação de maneira respeitosa e eficaz, permitindo que o sistema revele suas necessidades e caminhos de cura de maneira orgânica.

Tabela de consulta rápida das principais posições no campo

Em um *workshop* de Constelação, os representantes assumem posições que refletem as relações e dinâmicas sistêmicas, oferecendo *insights* profundos sobre questões subconscientes e padrões familiares ou organizacionais.

Aqui está uma lista de posições típicas e seus possíveis significados dentro de uma constelação *workshop*:

Representante Central	• Posição: No centro do grupo. • Significado: Geralmente representa o consteladas ou o tema central da questão. Esta posição é focal e indica a pessoa ou o tema ao redor do qual os outros elementos orbitam.
Representantes de Pais	• Posição: Frequentemente colocados atrás ou ao lado do representante central. • Significado: Simbolizam suporte e influência parental. A proximidade pode indicar a força da influência ou a carga emocional.
Representantes de Parceiros ou Cônjuges	• Posição: Ao lado do representante central ou em frente a ele. • Significado: Reflete o estado da relação conjugal ou de parceria. Posições enfrentadas podem indicar conflito ou confronto, enquanto o lado a lado pode sugerir parceria ou apoio.

Representantes de Filhos	• Posição: Frequentemente à frente ou ao redor do representante central e de seus pais. • Significado: Indica a relação entre pais e filhos e entre irmãos. A ordem pode refletir a hierarquia ou problemas de aliança entre irmãos.
Representantes de Ex-parceiros ou Figuras Passadas	• Posição: Geralmente colocados à margem ou atrás do representante central. • Significado: Mostra a influência contínua ou questões não resolvidas com figuras do passado. Sua localização pode indicar supressão ou negação de seu impacto.
Representantes de Aspectos Emocionais ou Traços	• Posição: Variável, frequentemente perto do representante central. • Significado: Personificam aspectos internos como medo, raiva, alegria ou tristeza. Sua posição revela como esses traços influenciam o comportamento ou as relações do constelados.
Representantes de Influências Externas	• Posição: Pode estar em qualquer lugar, geralmente relacionado ao contexto da questão (trabalho, amigos, etc.). • Significado: Representa influências ou pressões externas, como carreira, amigos ou fatores sociais. A proximidade pode indicar o grau de influência.
Representantes de Conceitos Abstratos ou Valores	• Posição: Posicionamento simbólico em relação ao constelados ou ao tema. • Significado: Simboliza valores, crenças ou desejos, como sucesso, saúde, liberdade. Sua relação espacial com o constelados pode indicar a importância ou o conflito desses valores na vida do constelados.

Representantes de Ancestrais ou Gerações Passadas	• Posição: Geralmente atrás dos pais ou ao redor da periferia. • Significado: Indica a influência transgeracional, mostrando como as gerações anteriores afetam as atuais. Posições mais distantes podem sugerir uma desconexão ou questões não resolvidas.
Representante Isolado	• Posição: Separado do restante do grupo. • Significado: Pode representar alguém ou algo excluído ou esquecido no sistema. Esta posição destaca a necessidade de reconhecimento ou reintegração.
Representante de Obstáculos ou Desafios	• Posição: Frequentemente posicionado entre o representante central e um objetivo ou outro representante significativo. • Significado: Simboliza barreiras ou desafios que o constelados enfrenta em sua vida. A localização e orientação deste representante podem indicar a natureza e a magnitude do obstáculo.
Representante de Recursos ou Apoios	• Posição: Ao lado ou atrás do representante central em uma posição de suporte. • Significado: Representa recursos pessoais ou apoio externo disponíveis para o constelados, como amigos, mentores ou habilidades internas. A proximidade pode indicar a acessibilidade e eficácia desses recursos.

Representantes de Metas ou Aspirações	• Posição: Frequentemente colocado na direção para a qual o representante central está olhando ou se movendo. • Significado: Personifica objetivos ou aspirações futuras do constelados. A distância e a clareza da linha de visão podem refletir a clareza de objetivos e a percepção de alcançabilidade.
Representante de Saúde ou Bem-estar	• Posição: Pode variar; frequentemente perto do corpo físico do representante central. • Significado: Simboliza a saúde física ou mental do constelados. Sua posição pode refletir o estado atual de saúde e as áreas que necessitam atenção.
Representantes de Herança Cultural ou Social	• Posição: Geralmente ao fundo ou em uma posição circundante. • Significado: Representa as influências culturais, sociais ou familiares que moldam a identidade e as escolhas do constelados. A localização pode indicar a força e o impacto dessas influências.
Representante de Secretos ou Assuntos Não Resolvidos	• Posição: Frequentemente escondido ou parcialmente obscurecido por outros representantes. • Significado: Indica questões ocultas ou não resolvidas que podem estar afetando o constelados subconscientemente. A revelação desses elementos pode ser crucial para a resolução de questões mais profundas.

Representante de Conflitos Internos	• Posição: Pode estar em conflito direto com outro representante que simboliza uma parte diferente da psique do constelados. • Significado: Manifesta as lutas internas e os dilemas que o constelados enfrenta, como decisões de carreira versus vida familiar ou desejo de independência versus necessidade de segurança.
Representante de Transições de Vida	• Posição: Em um limiar ou cruzamento entre dois grupos de representantes. • Significado: Representa momentos de transição na vida do constelados, como mudanças de carreira, casamento, nascimento de filhos, ou mudança geográfica.
Representante de Impactos Externos	• Posição: Entrando ou saindo da constelação, possivelmente representando forças ou eventos externos. • Significado: Ilustra como eventos ou influências externas (por ex., mudanças econômicas, desastres naturais, ou novas relações) impactam a vida do constelados.
Representante de Reconciliação ou Cura	• Posição: Movendo-se em direção a uma figura ou grupo com o qual houve conflito ou distância. • Significado: Simboliza o processo de cura e reconciliação, indicando movimentos em direção à resolução de conflitos e à restauração de relações.

Representante de Decisões Importantes	• Posição: No ponto de bifurcação entre dois ou mais caminhos representados por outros participantes. • Significado: Simboliza um ponto crítico de decisão na vida do constelados, onde várias opções ou caminhos estão disponíveis. A posição pode revelar a direção inclinada pelo constelados e os possíveis conflitos internos relacionados à escolha.
Representante de Passado e Futuro	• Posição: Um à frente e outro atrás do representante central, alinhados no mesmo eixo. • Significado: Representa a conexão entre o passado do constelados e seu futuro. A dinâmica entre esses dois pode mostrar como experiências passadas influenciam ou determinam aspirações futuras.
Representante de Influências Espirituais ou Filosóficas	• Posição: Acima ou ao redor do espaço central, muitas vezes em uma posição elevada. • Significado: Reflete a influência de crenças espirituais ou filosóficas na vida do constelados. Pode indicar orientação, conforto ou, em alguns casos, conflito com tais crenças.
Representante de Segurança e Estabilidade	• Posição: Próximo à base ou ao centro de gravidade do grupo. • Significado: Simboliza as fundações de segurança e estabilidade na vida do constelados, como lar, família ou carreira estabelecida. A posição pode indicar o quanto esses elementos são centrais e fundamentais.

Representante de Relações Profissionais	• Posição: Em contextos específicos para o ambiente de trabalho, como em um círculo à parte ou em um alinhamento direto com o representante central. • Significado: Mostra a importância e a natureza das relações profissionais na vida do constelados. Pode revelar alianças, rivalidades ou dependências no ambiente de trabalho.
Representante de Crises ou Ponto de Virada	• Posição: No centro de um círculo fechado ou sendo o ponto de convergência de várias linhas de outros representantes. • Significado: Indica um momento de crise ou um ponto de virada significativo. A posição e a interação dos outros representantes podem revelar as forças em jogo e as possíveis saídas.
Representante de Carga Emocional	• Posição: Carregando um objeto simbólico ou sendo carregado por outros. • Significado: Representa a carga emocional ou responsabilidade que o constelados sente. Pode mostrar se essa carga é compartilhada, ignorada ou sobrecarregada por outros.
Representante de Saída ou Fuga	• Posição: Na periferia ou movendo-se em direção à borda do grupo. • Significado: Pode simbolizar uma tendência ou desejo de fuga de situações difíceis, seja em relações pessoais, profissionais ou emocionais.

Representante de Comunicação e Expressão	• Posição: Posicionado entre dois ou mais grupos ou indivíduos que parecem desconectados. • Significado: Simboliza a necessidade ou o papel de comunicação e expressão na resolução de conflitos ou no estabelecimento de entendimento mútuo.
Representante de Acolhimento e Inclusão	• Posição: Abrindo um espaço ou gesto de acolhimento em direção a um representante isolado ou marginalizado. • Significado: Reflete esforços ou a necessidade de inclusão, acolhimento e aceitação dentro do grupo ou sistema representado.
Representante de Mudança ou Transformação	• Posição: Frequentemente movendo-se de uma posição central para uma externa, ou vice-versa. • Significado: Simboliza a jornada de mudança ou transformação pessoal do constelados. A trajetória e a velocidade podem indicar a natureza e o ritmo da mudança.
Representante de Alienação ou Desconexão	• Posição: Distante dos principais grupos ou figuras, possivelmente olhando para fora do círculo. • Significado: Representa sentimentos de alienação ou desconexão do constelados em relação a outros aspectos de sua vida, seja familiar, social ou profissional.

Representante de Conflito Interno	• Posição: Entre dois representantes que simbolizam aspectos conflitantes da personalidade ou desejos do constelados. • Significado: Mostra o conflito interno vivido pelo constelados, com cada representante puxando em uma direção diferente, refletindo a luta entre esses aspectos internos.
Representante de Legado ou Herança	• Posição: Atrás ou ao lado dos representantes de pais ou avós. • Significado: Indica a influência de legados ou heranças familiares, seja em termos de traços, responsabilidades ou expectativas transmitidas através das gerações.
Representante de Desafios Externos	• Posição: Na periferia, mas enfrentando diretamente o representante central ou um grupo. • Significado: Representa desafios ou obstáculos externos que o constelados enfrenta, como questões legais, desafios profissionais ou adversidades sociais.
Representante de Recursos Ocultos	• Posição: Inicialmente à margem ou obscurecido, mas movendo-se gradualmente para uma posição mais central ou visível. • Significado: Simboliza recursos ou forças internas do constelados que ainda não foram plenamente reconhecidos ou utilizados.
Representante de Novas Oportunidades	• Posição: Entrando no campo de visão ou se aproximando do representante central de uma direção inesperada. • Significado: Indica novas oportunidades ou direções que podem estar se abrindo para o constelados, muitas vezes inesperadas ou não convencionais.

Representante de Repressão ou Supressão	• Posição: Posicionado de forma que parece estar sendo pressionado para baixo ou contido por outros representantes. • Significado: Representa aspectos da vida ou emoções do constelados que estão sendo reprimidos ou suprimidos, necessitando de libertação ou expressão.
Representante de Equilíbrio e Harmonia	• Posição: No centro, equidistante de todos os outros representantes, ou conectando grupos distintos. • Significado: Simboliza a busca ou a realização de equilíbrio e harmonia na vida do constelados, atuando como um ponto de equilíbrio entre diversas forças.
Representante de Introspecção ou Reflexão	• Posição: Separado dos grupos familiares ou profissionais, destacando-se sozinho. • Significado: Simboliza a busca ou a conquista da autonomia pessoal do constelados, destacando seu processo de individualização e independência.
Representante de Autonomia Pessoal	• Posição: Separado dos grupos familiares ou profissionais, destacando-se sozinho. • Significado: Simboliza a busca ou a conquista da autonomia pessoal do constelados, destacando seu processo de individualização e independência.
Representante de Barreiras Invisíveis	• Posição: Posicionado entre o representante central e outros representantes, como se estivesse bloqueando o caminho. • Significado: Representa barreiras psicológicas ou emocionais invisíveis que impedem o constelados de alcançar seus objetivos ou de se conectar com outros.

Representante de Apoio Comunitário	• Posição: Circundando ou de mãos dadas com o representante central ou um grupo específico. • Significado: Mostra a presença e o impacto do apoio comunitário ou de um grupo de suporte na vida do constelados, enfatizando a importância da rede de suporte social.
Representante de Culpabilidade ou Responsabilidade	• Posição: Em frente ao representante central, frequentemente com uma expressão de confronto. • Significado: Simboliza sentimentos de culpa ou o peso das responsabilidades que o constelados pode estar carregando, muitas vezes relacionados a questões familiares ou profissionais.
Representante de Dualidade ou Dilema	• Posição: Entre dois representantes ou grupos opostos, como se estivesse dividido. • Significado: Representa a experiência de estar dividido entre duas escolhas, caminhos de vida, ou aspectos de sua personalidade, refletindo dilemas internos ou conflitos.
Representante de Transparência ou Revelação	• Posição: Movendo-se de uma posição oculta para uma claramente visível. • Significado: Indica processos de revelação ou descoberta, nos quais o constelados está trazendo à luz aspectos anteriormente ocultos de sua vida ou de suas relações.
Representante de Sobrecarga Emocional	• Posição: Encurvado, como se estivesse sob peso físico ou emocional. • Significado: Simboliza a sobrecarga emocional que o constelados pode estar experienciando, talvez devido a estresse, ansiedade ou depressão.

Representante de Proteção ou Defesa	• Posição: Perante uma ameaça percebida, protegendo outro representante. • Significado: Representa a necessidade de proteção ou os mecanismos de defesa que o constelados emprega, seja em relações pessoais, familiares ou profissionais.
Representante de Isolamento Voluntário	• Posição: Distante do restante, por escolha própria. • Significado: Indica uma escolha consciente do constelados de se isolar para cura, reflexão ou como uma forma de autocuidado.
Representante de Fusão ou Integração	• Posição: Mergulhando em um grupo ou se juntando harmoniosamente com outro representante. • Significado: Simboliza a integração de diferentes aspectos da vida do constelados, como reconciliação de conflitos internos ou harmonização de diferentes esferas da vida.
Representante de Negação ou Invisibilidade	• Posição: Ficando atrás de outros representantes ou sendo obscurecido de alguma forma. • Significado: Indica elementos ou emoções que estão sendo negados ou mantidos invisíveis no sistema do constelados, talvez por serem dolorosos ou desconfortáveis para enfrentar.
Representante de Raízes ou Origens	• Posição: Posicionado ao fundo ou base, representando a fundação ou as origens. • Significado: Simboliza as raízes culturais, familiares ou históricas do constelados, destacando como essas origens influenciam sua vida atual.

Representante de Esperança ou Aspiração Futura	• Posição: Orientado para frente, geralmente olhando para cima ou para um ponto distante. • Significado: Representa as esperanças, sonhos e aspirações futuras do constelados, mostrando a direção para onde ele deseja avançar.
Representante de Peso Histórico ou Legado	• Posição: Carregando um objeto simbólico pesado ou parecendo carregar um peso. • Significado: Mostra o peso dos legados históricos ou familiares que o constelados carrega, possivelmente representando obrigações, expectativas ou tradições.
Representante de Liberação ou Catarse	• Posição: Frequentemente numa pose de libertação ou expressando uma forte emoção. • Significado: Simboliza momentos de liberação emocional ou catarse, em que o constelados está deixando ir velhas mágoas, ressentimentos ou limitações.
Representante de Renovação ou Novo Começo	• Posição: Entrando no cenário ou mudando de uma posição estagnada para uma ativa. • Significado: Indica novos começos, renovação ou uma mudança significativa na vida do constelados, sugerindo movimento em direção a novas experiências ou fases.
Representante de Limite ou Fronteira	• Posição: Entre dois grupos ou figuras, atuando como uma fronteira ou limite. • Significado: Representa limites pessoais ou barreiras que o constelados estabeleceu ou precisa estabelecer, seja em relacionamentos pessoais, profissionais ou internos.

Representante de Convergência ou Síntese	• Posição: No ponto de encontro de várias linhas ou direções. • Significado: Simboliza a convergência de diferentes aspectos ou influências na vida do constelados, indicando a síntese de ideias, relações ou energias.
Representante de Exposição ou Clareza	• Posição: Movendo-se de uma área obscura para uma claramente iluminada. • Significado: Indica a exposição ou clarificação de questões que anteriormente estavam ocultas ou não reconhecidas, trazendo luz a aspectos importantes.
Representante de Recuo ou Retração	• Posição: Movendo-se para trás ou afastando-se de outros representantes. • Significado: Representa recuo, retração ou a necessidade de se afastar de situações ou relações que são prejudiciais ou desafiadoras.

CAPÍTULO 7:

TENDÊNCIAS E TÉCNICAS AVANÇADAS

A profundamento nas tendências atuais e técnicas avançadas para potencializar o trabalho terapêutico com constelação familiar.

Estudos de casos exemplificando a aplicação prática dessas técnicas

No Capítulo 7, exploramos as tendências atuais e técnicas avançadas na área terapêutica, abordando métodos inovadores que estão transformando o campo do cuidado e do desenvolvimento humano. Este capítulo visa oferecer aos terapeutas uma visão abrangente das abordagens emergentes, bem como estudos de caso que exemplificam a aplicação prática dessas técnicas no trabalho terapêutico.

1. Exploração das Tendências Atuais

As tendências na terapia evoluem com os avanços na ciência comportamental, tecnologia e mudanças socioculturais.

Abaixo, algumas das tendências que estão moldando o futuro do trabalho terapêutico:

- Terapia Integrativa

Combinação de várias abordagens terapêuticas para tratar o indivíduo de maneira holística. Isso pode incluir a integração da Terapia Cognitivo-Comportamental (TCC) com técnicas de *mindfulness*, terapia artística e práticas somáticas.

Uma constelação *workshop* que incorpora a Terapia Integrativa oferece uma abordagem holística ao bem-estar e ao desenvolvimento pessoal. Integrando várias técnicas terapêuticas, como a Terapia Cognitivo-Comportamental (TCC), *mindfulness*, terapia artística e práticas somáticas, este tipo de *workshop* busca oferecer uma experiência transformadora e multifacetada para os participantes. Aqui está um passo a passo detalhado para conduzir um *workshop* de constelação com foco em Terapia Integrativa:

Passo a Passo para um Workshop de Constelação com Terapia Integrativa

1. Preparação e Definição de Objetivos

- **Definir Objetivos:** Comece por definir claramente os objetivos do *workshop*, como abordar ansiedade, depressão, questões familiares, ou desenvolvimento pessoal.

- **Seleção de Participantes:** Escolha participantes que estejam abertos e preparados para um trabalho terapêutico integrativo.

- **Preparação do Espaço:** Prepare um ambiente acolhedor e seguro, ideal para atividades terapêuticas, com áreas designadas para diferentes tipos de intervenções.

2. Introdução e Aquecimento

- **Apresentação:** Introduza o conceito de constelação familiar e Terapia Integrativa, explicando como essas práticas serão combinadas.

- **Aquecimento:** Conduza um exercício de aquecimento, como uma meditação guiada ou uma atividade de *mindfulness*, para centrar os participantes e prepará-los para a experiência.

3. Constelação Familiar

- **Seleção do Tema:** Permita que um participante traga um tema ou questão a ser explorado.

- **Escolha dos Representantes:** O participante escolhe representantes para os membros da família ou outros elementos significativos de sua vida.

- **Posicionamento Inicial:** Os representantes são posicionados de acordo com as instruções do participante, refletindo suas percepções e sentimentos iniciais.

1. Integração com Terapia Cognitivo-Comportamental (TCC)

- **Identificação de Padrões:** Enquanto a constelação se desenrola, identifique padrões de pensamento ou crenças subjacentes que podem estar influenciando o comportamento do participante.

- **Intervenções Cognitivas:** Integre intervenções de TCC para desafiar e remodelar pensamentos ou crenças problemáticas observadas durante a constelação.

2. Incorporação de Terapia Artística e Práticas Somáticas

- **Expressão Artística:** Após uma fase significativa da constelação, convide os participantes a expressarem suas experiências ou emoções através de atividades artísticas, como desenho, pintura ou modelagem.

- **Práticas Somáticas:** Utilize técnicas somáticas, como movimento consciente ou exercícios de respiração, para ajudar os participantes a integrar as experiências emocionais e cognitivas da constelação em seus corpos.

3. Reflexão e Integração

- **Discussão em Grupo:** Após as atividades, conduza uma sessão de discussão em grupo em que os participantes possam compartilhar suas experiências e *insights*.

- **Integração Final:** Encerre o *workshop* com uma atividade de fechamento que ajude os participantes a sintetizar e integrar o que aprenderam e experienciaram.

4. *Follow-up*

- **Suporte Contínuo:** Ofereça recursos de *follow-up*, como sessões de terapia individual, grupos de apoio ou materiais de leitura, para continuar o trabalho iniciado no *workshop*.

Este formato de *workshop* não só aborda as questões trazidas à constelação de maneira profunda e multifacetada, mas também proporciona aos participantes ferramentas práticas para continuar seu desenvolvimento e cura após o evento.

- ## Realidade Virtual (VR) na Terapia

Utilização de VR para criar ambientes controlados onde os constelados podem confrontar medos, treinar habilidades sociais ou experimentar *mindfulness* em um cenário virtualmente construído, proporcionando uma nova dimensão ao tratamento psicológico.

Organizar um *workshop* de constelação que integra o uso de Realidade Virtual (VR) para terapia oferece uma abordagem inovadora e envolvente para o tratamento de questões psicológicas. A VR permite criar ambientes controlados e imersivos, proporcionando uma maneira única de explorar emoções, confrontar medos e desenvolver habilidades.

Aqui está um passo a passo detalhado para conduzir esse tipo de *workshop*:

Passo a Passo para um *Workshop* de Constelação com Realidade Virtual

1. Preparação e Definição de Objetivos

- **Definir Objetivos:** Clarifique os objetivos terapêuticos do *workshop*, como enfrentamento de fobias, melhoria de habilidades sociais ou práticas de *mindfulness*.

- **Tecnologia e Equipamento:** Certifique-se de que o local está equipado com os dispositivos de VR necessários e que todos estão funcionando corretamente.

- **Seleção de Participantes:** Escolha participantes que se beneficiariam do uso de VR, considerando suas experiências com tecnologia e suas necessidades terapêuticas.

2. Introdução ao Uso de VR na Terapia

- **Explicação Detalhada:** Introduza o conceito de VR na terapia, explicando como será usada no *workshop* e os benefícios esperados.

- **Demonstração:** Mostre aos participantes como usar os equipamentos de VR e familiarize-os com o ambiente virtual antes de começar as sessões mais intensas.

3. Sessões de VR Individualizadas

- **Ambientes Controlados:** Use a VR para criar ambientes projetados especificamente para os temas terapêuticos de cada participante, como salas que simulam situações sociais ou cenários que envolvem alturas para tratar fobias.

- **Atividades Dirigidas:** Conduza os participantes através de atividades específicas dentro do ambiente VR, como exercícios de respiração em um cenário pacífico ou interações sociais com avatares controlados por IA.

4. Integração com a Constelação Familiar

- **Seleção de Temas:** Escolha temas ou questões a serem explorados que se alinhem com as experiências VR, permitindo uma exploração mais profunda das questões em um contexto de constelação.

- **Posicionamento dos Representantes:** Após a sessão de VR, organize uma constelação física onde os participantes podem posicionar representantes para explorar as relações e emoções que surgiram durante a VR.

5. Discussão e Processamento

- **Reflexão Coletiva:** Após as sessões de VR e constelação, conduza uma discussão em grupo para permitir que os participantes compartilhem suas experiências e *insights*.

- **Processamento Emocional:** Ajude os participantes a processar as emoções e experiências vivenciadas, utilizando técnicas de terapia tradicional para dar suporte.

6. *Feedback* e Avaliação

- ***Feedback* dos Participantes:** Colete *feedback* sobre a experiência de usar VR na terapia e na constelação para entender o impacto e ajustar futuras sessões.

- **Avaliação Clínica:** Avalie os progressos em relação aos objetivos terapêuticos iniciais, usando tanto *feedback* qualitativo quanto avaliações mais formais.

7. *Follow-up*

- **Suporte Contínuo:** Ofereça sessões de *follow-up*, que podem incluir mais terapia VR, consultas tradicionais ou grupos de apoio.

Utilizar VR em um *workshop* de constelação oferece uma oportunidade rica para os participantes explorarem aspectos de suas vidas de maneira controlada e segura, potencializando a eficácia das intervenções terapêuticas.

- ## Terapias Baseadas em Genética

    Avanços na genômica que permitem tratamentos personalizados com base no perfil genético do constelado, especialmente úteis em casos de transtornos psiquiátricos complexos.

Um *workshop* de constelação que integra Terapias Baseadas em Genética pode oferecer uma abordagem revolucionária para compreender e tratar questões de saúde mental. Essa abordagem personalizada considera o perfil genético do indivíduo para explorar predisposições e possíveis tratamentos.

A seguir está um passo a passo para realizar um *workshop* que combina constelações familiares com insights da genômica:

Passo a Passo para um *Workshop* de Constelação com Terapias Baseadas em Genética

1. Preparação e Definição de Objetivos

- **Definir Objetivos:** Clarifique os objetivos terapêuticos do *workshop*, focando transtornos psiquiátricos complexos e como a genética pode influenciar essas condições.

- **Seleção de Participantes:** Escolha participantes que tenham sido submetidos a testes genéticos ou que estejam considerando tais testes, e que estejam interessados em explorar como esses fatores influenciam sua saúde mental.

- **Consentimento Informado:** Assegure que todos os participantes estejam plenamente informados sobre o uso de informações genéticas e consentidos sobre sua participação.

2. Introdução à Genômica e Saúde Mental

- **Educação sobre Genética:** Forneça uma introdução clara sobre como a genética pode influenciar a saúde mental, incluindo exemplos de condições que têm forte componente genético, como bipolaridade, esquizofrenia, entre outros.

- **Discussão de Casos:** Apresente estudos de caso que ilustrem a aplicação de terapias baseadas em genética para transtornos psiquiátricos.

3. Constelações com Foco em Genética

- **Coleta de Informações Genéticas:** Se possível, utilize informações genéticas reais dos participantes para configurar as constelações, focando em genes específicos que possam estar relacionados a condições psiquiátricas.

- **Exploração de Padrões Familiares:** Explore como esses fatores genéticos se manifestaram em gerações anteriores da família e como podem estar influenciando as gerações atuais.

4. Discussão Interativa

- **Integração de Dados Genéticos:** Facilite uma discussão sobre como os dados genéticos se alinham ou elucidam as dinâmicas e padrões familiares observados durante as constelações.

- **Implicações para o Tratamento:** Explore como essa compreensão pode influenciar as abordagens de tratamento personalizadas para cada participante.

5. Implicações Éticas e Considerações

- **Debate Ético:** Conduza uma sessão sobre as implicações éticas de usar informações genéticas em terapias e em contextos familiares, abordando temas como privacidade, consentimento e estigmatização.

- **Suporte e Aconselhamento Genético:** Ofereça acesso a aconselhamento genético para participantes interessados em prosseguir com testes genéticos ou em entender melhor suas implicações.

6. *Feedback* e Avaliação

- **Coleta de *Feedback*:** Obtenha *feedback* dos participantes sobre a integração das terapias baseadas em genética com as constelações familiares, visando aperfeiçoar futuras sessões.

- **Avaliação de Resultados:** Avalie como a integração de informações genéticas influenciou a percepção e o manejo dos transtornos psiquiátricos pelos participantes.

7. *Follow-up*

- **Suporte Contínuo:** Encoraje o acompanhamento contínuo com profissionais de saúde mental e genética, oferecendo recursos para tratamentos personalizados e suporte contínuo.

Esse *workshop* não só fornece uma perspectiva nova e personalizada sobre transtornos psiquiátricos, mas também destaca a importância de considerar componentes genéticos como parte de uma abordagem de tratamento holística e integrada.

2. Técnicas Avançadas para Potencializar o Trabalho Terapêutico

A incorporação de técnicas avançadas na prática terapêutica pode potencializar significativamente os resultados para os constelados:

• Biofeedback e Neurofeedback

Uso de equipamentos para ensinar os constelados a controlar funções corporais involuntárias, como frequência cardíaca e atividade cerebral, para melhorar condições de saúde mental como ansiedade e ADHD.

Um *workshop* de constelação que incorpora Biofeedback e Neurofeedback oferece uma abordagem inovadora para o autoconhecimento e autorregulação, utilizando tecnologia para monitorar e influenciar funções corporais involuntárias. A seguir está um passo a passo para realizar um *workshop* combinando constelações familiares com Biofeedback e Neurofeedback:

Passo a Passo para um *Workshop* de Constelação com *Biofeedback* e *Neurofeedback*

1. Preparação e Definição de Objetivos

- **Definir Objetivos:** Clarifique os objetivos terapêuticos do *workshop*, focando condições como ansiedade, ADHD, estresse e outras disfunções que podem beneficiar-se da autorregulação.

- **Seleção de Participantes:** Escolha participantes interessados ou que já estejam envolvidos em terapias de Biofeedback ou Neurofeedback.

- **Preparação do Espaço:** Certifique-se de que o local está equipado com os dispositivos necessários para Biofeedback e Neurofeedback, como sensores de EEG e monitores de frequência cardíaca.

2. Introdução ao Biofeedback e Neurofeedback

- **Educação Técnica:** Forneça uma introdução clara sobre como o Biofeedback e o Neurofeedback funcionam, incluindo demonstrações de como os sensores são usados e de que maneira os dados são lidos e interpretados.

- **Benefícios Terapêuticos:** Discuta como essas tecnologias podem ajudar na autorregulação e no tratamento de condições psicológicas e emocionais.

3. Sessões de Biofeedback e Neurofeedback

- **Monitoramento Inicial:** Comece com uma sessão de Biofeedback ou Neurofeedback para cada participante, coletando dados iniciais sobre suas respostas fisiológicas.

- **Identificação de Padrões:** Identifique padrões ou respostas anormais que possam indicar áreas de estresse ou desregulação.

4. Integração com Constelações Familiares

- **Exploração de Questões Familiares:** Utilize as informações obtidas nas sessões de Biofeedback e Neurofeedback para configurar uma constelação familiar que explore as raízes emocionais ou familiares dos padrões identificados.

- **Posicionamento dos Representantes:** Os participantes posicionam representantes que simbolizam família, condições emocionais, e elementos identificados como estressores ou gatilhos em suas sessões de feedback.

5. Reflexão e Processamento

- **Discussão de Insights:** Após a constelação, realize uma sessão de discussão em que os participantes possam refletir sobre os *insights* obtidos tanto do *feedback* tecnológico quanto da constelação.

- **Integração de Estratégias de Autorregulação:** Explore como os participantes podem usar as técnicas de Biofeedback e Neurofeedback juntamente com os *insights* das constelações para gerenciar melhor suas condições.

6. *Feedback* e Avaliação

- **Coleta de Feedback:** Obtenha *feedback* dos participantes sobre a experiência de integrar Biofeedback/Neurofeedback com constelações familiares.

- **Avaliação do Impacto:** Avalie como a combinação das técnicas afetou a percepção dos participantes sobre suas condições e capacidade de autorregulação.

7. *Follow-up*

- **Suporte Contínuo:** Ofereça sessões de *follow-up* que combinem essas abordagens, e disponibilize recursos adicionais para que os participantes continuem a explorar e integrar essas ferramentas em suas vidas.

Esse *workshop* visa não apenas tratar condições específicas, como também oferecer aos participantes ferramentas práticas de autorregulação e autoconhecimento, utilizando as constelações familiares para aprofundar o entendimento das dinâmicas subjacentes.

- **Psicodrama**

Método que emprega dramatizações guiadas e reencenações para permitir que os constelados expressem emoções reprimidas, entendam experiências passadas e explorem resoluções alternativas para seus conflitos.

Um *workshop* de constelação que incorpora Psicodrama oferece uma abordagem profunda e interativa para explorar e resolver questões emocionais e relacionais.

Aqui está um passo a passo detalhado para realizar um workshop combinando constelações familiares com Psicodrama:

Passo a Passo para um *Workshop* de Constelação com Psicodrama

1. Preparação e Definição de Objetivos

- **Definir Objetivos:** Clarifique os objetivos terapêuticos do *workshop*, como explorar dinâmicas familiares, resolver conflitos internos ou entender comportamentos recorrentes.
- **Seleção de Participantes:** Escolha participantes interessados em explorar questões profundas através de dramatização e que estejam confortáveis com expressão emocional intensa.
- **Preparação do Espaço:** Arranje um espaço seguro e amplo o suficiente para permitir movimento livre e dramatizações, com áreas designadas para diferentes cenários de psicodrama.

2. Introdução ao Psicodrama

- **Educação sobre o Método:** Forneça uma introdução clara sobre o que é o Psicodrama, incluindo suas origens, propósitos e como ele será integrado às constelações familiares.

- **Demonstração de Técnicas:** Mostre aos participantes técnicas básicas de Psicodrama, como a reversão de papéis, a duplicação e a escultura.

3. Sessões de Psicodrama

- **Seleção de Temas:** Permita que os participantes escolham temas ou questões que desejam explorar através do Psicodrama.

- **Dramatizações Guiadas:** Conduza dramatizações em que os participantes assumam vários papéis, incluindo o de si mesmos, de membros da família ou de aspectos de sua personalidade.

- **Reencenações:** Encoraje os participantes a reencenar eventos passados ou situações conflitantes para explorar novas perspectivas e emoções.

4. Integração com Constelações Familiares

- **Constelações Temáticas:** Após as sessões de Psicodrama, utilize as constelações familiares para aprofundar a compreensão das dinâmicas e emoções reveladas.

- **Posicionamento dos Representantes:** Os participantes posicionam representantes para seus familiares ou para aspectos emocionais emergidos durante o Psicodrama, facilitando uma visão sistêmica das questões tratadas.

5. Reflexão e Processamento

- **Discussão de Insights:** Após as atividades, conduza uma discussão em grupo onde os participantes possam compartilhar suas experiências e *insights*.

- **Integração de Aprendizados:** Ajude os participantes a conectar os aprendizados do Psicodrama com as revelações das constelações, promovendo uma compreensão mais profunda e integrada.

6. Feedback e Avaliação

- **Coleta de Feedback:** Obtenha *feedback* sobre a experiência de integrar Psicodrama com constelações familiares, visando aperfeiçoar futuras sessões.

- **Avaliação de Impacto:** Avalie como a combinação das técnicas impactou a percepção dos participantes sobre suas questões e a eficácia das resoluções exploradas.

7. Follow-up

- **Suporte Contínuo:** Ofereça sessões de *follow-up* que continuem a integrar Psicodrama e constelações familiares, fornecendo também recursos adicionais para os participantes.

Este *workshop* busca não apenas tratar conflitos e questões emocionais, mas também proporcionar aos participantes ferramentas poderosas de autoexpressão e resolução de problemas, utilizando o Psicodrama para trazer vida e ação às constelações familiares.

- **Terapia Assistida por Animais:** Incorporação de animais no ambiente terapêutico, aproveitando os benefícios do vínculo humano-animal para facilitar a comunicação e promover a cura em constelados com resistência ao tratamento convencional.

Um *workshop* de constelação que integra Terapia Assistida por Animais pode oferecer uma abordagem única e eficaz para enfrentar questões emocionais, especialmente em constelados que mostram resistência a métodos terapêuticos convencionais.

A seguir está um passo a passo para realizar um *workshop* que combina constelações familiares com a terapia assistida por animais:

Passo a Passo para um *Workshop* de Constelação com Terapia Assistida por Animais

1. Preparação e Definição de Objetivos

- **Definir Objetivos:** Estabeleça os objetivos terapêuticos do *workshop*, focando em como a interação com animais pode auxiliar no processo de cura emocional e facilitar a comunicação.

- **Seleção de Participantes:** Escolha participantes que se beneficiem da presença de animais no ambiente terapêutico, especialmente aqueles com resistência a métodos tradicionais.

- **Preparação do Espaço:** Prepare um espaço seguro e acolhedor que seja adequado tanto para os participantes quanto para os animais envolvidos, garantindo que todos os regulamentos de segurança e bem-estar animal sejam seguidos.

2. Introdução à Terapia Assistida por Animais

- **Educação sobre a Terapia:** Forneça uma explicação detalhada sobre a terapia assistida por animais, incluindo os tipos de animais usados, os benefícios terapêuticos e as precauções necessárias.

- **Integração dos Animais:** Introduza os animais aos participantes de maneira controlada, permitindo que cada pessoa se familiarize com os animais antes de iniciar as atividades terapêuticas.

3. Interação Dirigida com Animais

- **Atividades de Vínculo:** Organize atividades que promovam o vínculo entre os participantes e os animais, como alimentar, acariciar ou simplesmente passar tempo juntos, facilitando a abertura emocional.

- **Observação das Reações:** Monitore e discuta as reações dos participantes às interações com os animais, explorando como esses momentos refletem suas emoções e comportamentos.

4. Integração com Constelações Familiares

- **Exploração de Temas Emocionais:** Use as interações observadas entre os participantes e os animais como ponto de partida para explorar questões emocionais profundas em uma sessão de constelação familiar.

- **Posicionamento dos Representantes:** Os participantes podem posicionar representantes para membros da família ou para emoções específicas que surgiram durante a interação com os animais.

5. Reflexão e Discussão

- **Compartilhamento de Experiências:** Após a sessão de constelação, conduza uma discussão em grupo para que os participantes compartilhem como a presença dos animais influenciou sua experiência.

- **Integração de Insight:** Encoraje os participantes a refletir sobre como os *insights* obtidos através da terapia assistida por animais podem ser aplicados em suas vidas diárias.

6. *Feedback* e Avaliação

- **Avaliação da Experiência:** Solicite *feedback* dos participantes sobre a integração da terapia assistida por animais com as constelações familiares, avaliando a eficácia e o impacto emocional da sessão.

- **Ajustes Futuros:** Use as informações coletadas para aprimorar futuras sessões, garantindo uma experiência ainda mais enriquecedora e terapeuticamente válida.

7. Follow-up

- Suporte Contínuo: Ofereça recursos adicionais e suporte contínuo para os participantes, possivelmente incluindo sessões de terapia assistida por animais adicionais ou apoio emocional regular.

Este tipo de *workshop* não só fornece um ambiente terapêutico alternativo e inovador, mas também utiliza o poder do vínculo humano-animal para abrir novos caminhos para a comunicação e a cura em constelados que podem ser resistentes a outras formas de terapia.

Estudos de Caso

Para ilustrar como essas técnicas e tendências podem ser aplicadas na prática, este capítulo inclui vários estudos de caso:

- **Caso 1:** Aplicação de realidade virtual na terapia para um constelado com transtorno de estresse pós-traumático (TEPT), mostrando como as simulações controladas ajudaram o constelado a processar traumas de maneira segura.

Estudo de Caso: Aplicação de Realidade Virtual na Terapia para Transtorno de Estresse Pós-Traumático (TEPT)

Contexto do Constelado

Nome: Carlos

Idade: 38 anos

Diagnóstico Sistêmico: Transtorno de Estresse Pós-Traumático (TEPT) decorrente de experiências como combatente em zona de conflito militar.

Preparação e Objetivos do Tratamento

Objetivo Principal: Utilizar a realidade virtual (VR) para ajudar Carlos a enfrentar e processar os traumas relacionados ao combate de forma controlada e segura, reduzindo os sintomas de TEPT.

Seleção do Programa de VR: Escolha de um programa de VR especialmente projetado para tratamento de TEPT em veteranos de guerra, que simula cenários que podem ser gatilhos de memórias traumáticas em um ambiente seguro.

Descrição da Sessão de Terapia VR

Ambiente Controlado: Carlos foi introduzido a um cenário de VR que recriava uma patrulha em uma zona de conflito, mas sem a ocorrência de combate efetivo, permitindo que ele se habituasse ao ambiente.

Interação Gradual: A exposição foi gradualmente intensificada, incluindo sons e visuais mais representativos de suas experiências traumáticas, permitindo que Carlos enfrentasse suas memórias traumáticas em doses controladas.

Suporte Terapêutico: Durante toda a sessão de VR, um terapeuta especializado estava presente para oferecer suporte emocional e guiar Carlos por técnicas de *coping* e processamento emocional.

Processamento Emocional e Intervenção Terapêutica

Reações e Feedback de Carlos: Inicialmente, Carlos apresentou sintomas físicos de ansiedade, como suor e tremores, quando confrontado com os gatilhos. Com o tempo, essas reações diminuíram significativamente.

Técnicas de Relaxamento: Carlos aprendeu e aplicou técnicas de respiração profunda e *mindfulness* durante as sessões de VR para ajudar a gerenciar sua ansiedade e permanecer presente.

Revisão das Sessões: Após cada sessão, Carlos discutia suas experiências com o terapeuta, identificando emoções e pensamentos que emergiam durante a exposição.

Avaliação dos Resultados

Redução dos Sintomas: Ao longo das sessões de VR, Carlos relatou uma diminuição nos sintomas de hiperativação, incluindo pesadelos e *flashbacks*. Ele também indicou uma melhoria na qualidade do sono e na capacidade de lidar com gatilhos diários.

Feedback do Terapeuta: O terapeuta observou melhorias no enfrentamento geral de Carlos e maior resiliência emocional.

Plano de Continuidade

Sessões Futuras de VR: Foi recomendado que Carlos continuasse com sessões periódicas de VR para manter os ganhos terapêuticos e continuar a desenvolver suas habilidades de enfrentamento.

Terapia de Suporte: Carlos também continuou a participar de sessões de Terapia Cognitivo-Comportamental (TCC) para fortalecer as estratégias de *coping* e trabalhar em outros aspectos do TEPT.

Este estudo de caso exemplifica como a realidade virtual pode ser utilizada como uma ferramenta poderosa no tratamento do TEPT, proporcionando uma maneira segura e controlada para os constelados confrontarem e processarem suas experiências traumáticas.

- **Caso 2:** Uso de neurofeedback em um adolescente com ADHD, detalhando o processo e os resultados significativos em termos de aumento da concentração e diminuição da impulsividade.

Estudo de Caso: Uso de Neurofeedback em um Adolescente com ADHD

Contexto do Constelado

Nome: João

Idade: 16 anos

Diagnóstico Sistêmico: Transtorno de Déficit de Atenção e Hiperatividade (ADHD), caracterizado por dificuldades significativas com concentração, controle de impulsos e hiperatividade.

Preparação e Objetivos do Tratamento

Objetivo Principal: Utilizar o *neurofeedback* para ajudar João a melhorar a concentração e reduzir a impulsividade, proporcionando uma abordagem não farmacológica para o manejo de seus sintomas de ADHD.

Seleção do Protocolo de Neurofeedback: Escolha de um protocolo específico focado em aumentar as ondas beta (associadas à atenção e concentração) e reduzir as ondas theta (associadas à sonolência e desatenção).

Descrição da Sessão de Neurofeedback

Configuração Inicial: João foi equipado com um capacete de EEG que monitorava sua atividade cerebral em tempo real. A sessão de *neurofeedback* foi realizada em um ambiente tranquilo, com poucas distrações.

Feedback Visual e Auditivo: João recebeu *feedback* imediato sobre seu estado cerebral através de um jogo de computador que era controlado pela atividade do seu cérebro. O jogo foi projetado para se tornar mais fácil à medida que João aumentava sua concentração (ondas beta) e reduzia a impulsividade (ondas theta).

Processamento Emocional e Intervenção Terapêutica

Reações e Ajustes: No início das sessões, João mostrou dificuldade em manter o controle do jogo, refletindo sua luta com a concentração. Com o tempo e o ajuste dos parâmetros de *neurofeedback*, ele começou a aprender como modular suas ondas cerebrais para melhorar o desempenho no jogo.

Técnicas Complementares: Paralelamente, João foi encorajado a praticar técnicas de *mindfulness* e exercícios de respiração para auxiliar na regulação de seu foco e impulsividade.

Avaliação dos Resultados

Melhoria na Concentração: Após várias sessões, João apresentou uma melhoria notável em sua capacidade de concentração tanto na escola quanto em casa, conforme relatado por seus professores e pais.

Redução da Impulsividade: A impulsividade de João diminuiu significativamente, resultando em menos interrupções em sala de aula e melhor interação social com seus colegas.

Feedback de João: Ele relatou se sentir mais capaz de controlar suas reações e mais engajado em suas atividades diárias.

Plano de Continuidade

Sessões Futuras de Neurofeedback: Foi recomendado que João continuasse com sessões regulares de *neurofeedback* para manter e potencializar os benefícios alcançados.

Acompanhamento Psicológico: João também continuou a ter sessões regulares de terapia para abordar outras questões emocionais e comportamentais associadas ao ADHD.

Este estudo de caso ilustra o potencial do neurofeedback como uma ferramenta eficaz para ajudar adolescentes com ADHD a melhorar sua concentração e controlar a impulsividade, oferecendo uma alternativa valiosa ou um complemento às abordagens de tratamento convencionais.

- **Caso 3:** Implementação de um programa de terapia assistida por animais em uma clínica para idosos com depressão, destacando as melhorias no humor e na interação social dos participantes.

Estudo de Caso: Implementação de um Programa de Terapia Assistida por Animais em uma Clínica para Idosos com Depressão

Contexto do Constelado

Local: Clínica de cuidados para idosos.

Participantes: Grupo de idosos diagnosticados com depressão leve a moderada.

Desafio Principal: Muitos dos idosos apresentavam isolamento social, apatia e falta de estímulo emocional e físico.

Preparação e Objetivos do Programa

Objetivo Principal: Utilizar a terapia assistida por animais para melhorar o humor e a interação social dos idosos, proporcionando estímulos emocionais e físicos regulares.

Seleção de Animais: Foram escolhidos cães e gatos de terapia, conhecidos por seu temperamento calmo e afetuoso, ideal para interação com idosos.

Descrição das Sessões de Terapia Assistida por Animais

Configuração Inicial: A clínica preparou um ambiente acolhedor e seguro no qual os idosos puderam interagir com os animais. As sessões foram agendadas regularmente, ocorrendo duas vezes por semana.

Atividades de Interação: As sessões incluíram carícias, alimentação e jogos leves com os animais. Os terapeutas também organizaram atividades grupais que encorajaram os idosos a interagir uns com os outros e com os animais.

Processamento Emocional e Intervenção Terapêutica

Observações e Feedback: Os terapeutas observaram os idosos durante as sessões e notaram melhorias significativas no humor e na vontade de participar em outras atividades da clínica.

Técnicas Complementares: Além da terapia assistida por animais, foram introduzidas sessões de terapia de grupo focadas em expressão emocional e compartilhamento de experiências, visando reforçar os laços sociais.

Avaliação dos Resultados

Melhorias no Humor: Relatos tanto do *staff* da clínica quanto dos próprios idosos indicaram um aumento na expressão de alegria e satisfação. Observou-se também uma diminuição nos relatos de sentimentos de tristeza e isolamento.

Aumento da Interação Social: Os idosos mostraram-se mais interessados em participar de atividades sociais na clínica, e muitos relataram sentirem-se mais conectados com os outros.

Feedback dos Idosos e Familiares: Os idosos e seus familiares expressaram satisfação com o programa, notando melhorias visíveis no bem-estar emocional e físico dos participantes.

Plano de Continuidade

Sessões Contínuas de Terapia Assistida por Animais: Foi decidido continuar com as sessões de terapia assistida por animais devido ao sucesso do programa, com planos de possível expansão para incluir mais animais e variedade de atividades.

Acompanhamento Regular: Implementação de avaliações periódicas para monitorar o progresso dos idosos e ajustar o programa conforme necessário.

Este estudo de caso demonstra como a terapia assistida por animais pode ser uma adição valiosa ao tratamento de depressão em idosos, oferecendo benefícios emocionais significativos e melhorando a qualidade de vida em geral. Além disso, a interação com os animais proporcionou estímulos que ajudaram a aliviar sintomas de depressão e promoveram maior interação social entre os idosos.

Conclusão

O Capítulo 7 serve como um recurso valioso para terapeutas que desejam expandir seus conhecimentos e técnicas, incorporando as mais recentes inovações e abordagens terapêuticas em suas práticas. Com um equilíbrio entre teoria e prática, este capítulo não apenas educa sobre as novas tendências, mas também demonstra através de exemplos reais como essas podem ser efetivamente utilizadas para enriquecer o trabalho terapêutico e melhorar os resultados dos constelados.

Constelações *Workshop* avançadas

A realização de exercícios avançados em um *workshop* de constelação pode ser uma maneira profunda de explorar e resolver questões sistêmicas complexas. Aqui estão algumas propostas de exercícios avançados que podem ser utilizados para facilitar o autoconhecimento, a cura e o desenvolvimento pessoal dos participantes:

1. Constelação de Ancestrais

Objetivo: Explorar a influência transgeracional de traumas, segredos ou padrões comportamentais.

Exercício: Peça aos participantes que escolham representantes para seus ancestrais ou gerações passadas. Explore as dinâmicas e as histórias não contadas que podem estar influenciando os padrões familiares atuais. Permita que surgimentos espontâneos guiem o processo para revelar e potencialmente curar antigas feridas.

1. Preparação

- **Identificação dos Ancestrais e Padrões:** Peça ao participante para refletir sobre a história de sua família, identificando padrões que possam ter sido passados de geração em geração. Isso pode incluir traumas, segredos familiares, padrões de comportamento repetitivos ou questões emocionais não resolvidas.

- **Exemplo:** Histórias de perda, pobreza, separações traumáticas, conflitos familiares ou exclusões.

- **Explanação do Processo:** Explique que a constelação permitirá que as dinâmicas ocultas ou histórias não contadas dos ancestrais venham à tona, proporcionando uma oportunidade de entender como esses padrões estão influenciando a vida do participante e da família atualmente.

- **Escolha dos Representantes:** Peça ao participante para escolher representantes que simbolizem:

    o Ele mesmo.

    o Seus ancestrais ou figuras significativas de gerações passadas (como avós, bisavós ou outros membros importantes da família).

    o Eventos ou traumas familiares, como guerras, imigração, perdas ou segredos que possam estar influenciando as gerações atuais.

    o Emoções herdadas, como medo, culpa ou vergonha, que podem estar se manifestando de forma transgeracional.

2. Configuração da Constelação

- **Posicionamento Inicial:** Oriente o participante a posicionar os representantes dos ancestrais no espaço, de acordo com a percepção que ele tem sobre como esses ancestrais estão influenciando a dinâmica familiar. O "eu" pode ser colocado em uma posição central, enquanto os representantes dos ancestrais podem ser colocados em volta, simbolizando sua influência.

    o Os ancestrais podem ser posicionados em diferentes distâncias e orientações, representando como o participante sente sua presença ou impacto emocional.

- **Representação de Eventos ou Traumas:** Se houver eventos traumáticos ou segredos familiares que o participante conhece, posicione representantes para simbolizar esses eventos, permitindo que eles se integrem à constelação.

3. Exploração das Dinâmicas Transgeracionais

- **Exploração dos Ancestrais:** Pergunte aos representantes dos ancestrais como eles se sentem em relação ao participante e às gerações atuais. Isso pode revelar padrões de comportamento ou emoções que foram transmitidos de uma geração para outra.

- **Pergunte aos representantes:** "Como você sente sua conexão com as gerações atuais? Há algo que precisa ser reconhecido ou curado?"

- **Exemplo:** Um representante pode expressar sentimentos de exclusão, raiva ou tristeza que nunca foram reconhecidos no sistema familiar.

- **Conexão com Padrões Atuais:** Explore como os padrões comportamentais ou traumas dos ancestrais estão se manifestando nas gerações atuais. Isso pode incluir repetições de eventos, como separações, dificuldades financeiras, ou padrões emocionais, como medo de abandono ou dificuldades de confiança.

- **Exemplo:** O participante pode perceber que está repetindo o padrão de separação traumática que seus avós ou pais vivenciaram.

4. Revelação de Histórias Não Contadas

- **Surgimentos Espontâneos:** Deixe que os representantes e o campo sistêmico revelem histórias ou dinâmicas que podem não ter sido contadas ou reconhecidas na família. Esses surgimentos espontâneos podem trazer à tona segredos familiares, lealdades invisíveis ou dores que ficaram reprimidas ao longo do tempo.

- **Exemplo:** Um representante pode revelar uma forte conexão com uma figura excluída da família, como um filho perdido, um parente não reconhecido ou uma história de exclusão emocional.

- **Reconhecimento de Dinâmicas Ocultas:** Ajude o participante a reconhecer essas histórias ou emoções que emergem durante a constelação. Isso pode incluir a aceitação de que certas dores ou traumas não foram devidamente processados e estão influenciando as gerações atuais.

- **Pergunte:** "Há algo que nunca foi visto ou aceito que ainda precisa ser reconhecido?"

5. Intervenção e Reorganização

- **Reconhecimento e Cura dos Ancestrais:** Oriente o participante a oferecer reconhecimento e honra aos ancestrais e às suas histórias. Isso pode ser feito através de frases de cura e aceitação, como: "Eu vejo a sua dor e reconheço o que você passou. Agora, eu permito que sua história siga em paz".

- **Movimento dos Representantes:** Permita que os representantes dos ancestrais se movam para novas posições, representando uma reconciliação ou alívio das dinâmicas que influenciam o sistema familiar. Isso pode incluir o retorno de figuras excluídas ou a aproximação de ancestrais que estavam distantes ou emocionalmente desconectados.
  - O representante do "eu" pode aproximar-se dos ancestrais, simbolizando aceitação e reconexão com o legado familiar de maneira saudável.

- **Frases de Cura:** Introduza frases de cura que permitam ao participante liberar as lealdades invisíveis e seguir com sua própria vida. Por exemplo: "Eu honro a sua história, mas agora eu escolho seguir meu próprio caminho, com amor e respeito".

6. Encerramento

- **Síntese do Processo:** Pergunte ao participante o que ele percebeu de novo durante a constelação e se houve alguma história ou emoção ancestral que foi revelada. Explore como isso pode estar influenciando sua vida atual e o que ele pode fazer para mudar esse padrão.

- **Frases de Cura e Integração:** Use frases de aceitação e cura para integrar o aprendizado e permitir que o participante siga em frente. Exemplo: "Eu reconheço e honro os ancestrais que vieram antes de mim e agora eu sigo com liberdade e gratidão".

- **Próximos Passos:** Pergunte ao participante se ele identificou ações práticas que pode adotar em sua vida para honrar seus ancestrais e liberar as lealdades invisíveis, como reconciliações familiares, homenagens ou mudanças de atitude.

7. Reflexão Final

- **Perguntas de Reflexão:** Incentive o participante a refletir sobre o processo: "O que foi revelado sobre seus ancestrais e como essas histórias podem estar impactando sua vida atual? O que você pode fazer para transformar essas dinâmicas transgeracionais?"

- **Preparação para Ação:** Discuta os próximos passos que o participante pode dar para integrar o aprendizado da constelação, como reconhecer a influência dos ancestrais e encontrar formas de trazer mais leveza e cura para sua vida e sua linhagem familiar.

Exemplo de Frases de Cura

- **Para os Ancestrais:** "Eu reconheço o que você passou e agradeço pela vida que me foi dada. Agora eu permito que sua história siga e escolho viver de maneira plena".

- **Para a Dinâmica Familiar:** "Eu vejo o padrão que foi transmitido e escolho honrar o que veio antes, mas seguir meu próprio caminho."

  - Esse processo permite ao participante explorar as dinâmicas transgeracionais que influenciam sua vida atual, revelando histórias não contadas, traumas herdados e padrões que precisam ser reconhecidos para que o sistema familiar possa encontrar cura. A constelação de ancestrais proporciona uma reconciliação com o passado e uma liberação das lealdades invisíveis, permitindo que o participante siga seu próprio caminho com mais liberdade e leveza.

2. Constelação de Sonhos

Objetivo: Usar sonhos ou visões significativas como ponto de partida para uma constelação.

Exercício: Incentive os participantes a trazerem um sonho ou uma visão. Use os elementos do sonho para configurar a constelação, escolhendo representantes para símbolos ou figuras do sonho. Explore as conexões entre o conteúdo do sonho e as questões de vida real do participante.

1. Preparação

- **Identificação do Sonho ou Visão:** Pergunte ao participante se ele tem um sonho recorrente, recente ou uma visão significativa que gostaria de explorar. Peça-lhe para descrever os elementos principais do sonho, como personagens, símbolos, emoções e cenários que chamaram sua atenção.

- **Exemplo de sonhos:** sonhar com figuras familiares, animais, situações de perigo ou cenários que evocam fortes emoções.

- **Explanação do Processo:** Explique que a constelação será baseada nos elementos e símbolos do sonho, e que esses elementos podem refletir questões mais profundas do sistema emocional ou familiar do participante.

- **Escolha dos Representantes:** Peça ao participante para escolher representantes que simbolizem:
    - Ele mesmo no sonho ou visão (se ele estiver presente no sonho).

- Os símbolos ou figuras principais do sonho (por exemplo, pessoas, animais, objetos ou lugares).
- Emoções experimentadas no sonho, como medo, alegria, ansiedade ou paz.

2. Configuração da Constelação

- **Posicionamento Inicial:** Oriente o participante a posicionar os representantes dos símbolos e figuras do sonho no espaço. O "eu" pode ser posicionado no centro, com os outros elementos ao redor, de acordo com a proximidade ou relevância que o participante atribui a cada símbolo.
  - Por exemplo, se o sonho envolvia um animal que causava medo, esse símbolo pode ser posicionado à distância ou de forma ameaçadora, enquanto um símbolo reconfortante pode estar próximo ao "eu".
- **Configuração de Cenários ou Lugares:** Se o sonho envolveu um local específico (uma casa, um campo, etc.), posicione um representante para simbolizar esse lugar, permitindo que ele interaja com os outros elementos.

3. Exploração das Dinâmicas do Sonho

- **Exploração dos Símbolos e Figuras:** Peça aos representantes dos símbolos e figuras do sonho para expressarem como se sentem em suas posições e em relação ao "eu". Isso pode revelar significados ocultos ou aspectos emocionais ligados ao sonho.
- **Pergunte aos representantes:** "Como você se sente no contexto do sonho? O que você representa para o 'eu' neste sonho?"
  - **Exemplo:** Um representante pode se sentir poderoso, ameaçador ou protetor, dependendo do papel que desempenha no sonho.
- **Emoções no Sonho:** Explore as emoções que o participante

sentiu no sonho, perguntando ao representante da emoção como ele se manifesta no sistema. Isso pode revelar conexões entre as emoções do sonho e as experiências de vida real do participante.

- **Exemplo:** O medo no sonho pode estar relacionado a um medo real de enfrentar uma situação no dia a dia.

4. Interpretação e Conexão com a Vida Real

- **Relacionando o Sonho à Realidade:** Pergunte ao participante se ele consegue fazer conexões entre os símbolos do sonho e questões atuais da vida. Muitas vezes, os sonhos revelam medos, desejos ou bloqueios inconscientes que estão relacionados a dinâmicas emocionais ou familiares.
  - **Exemplo:** Sonhar com uma figura ameaçadora pode refletir um conflito não resolvido com uma pessoa significativa ou uma situação desafiadora na vida real.

- **Exploração de Significados Ocultos:** Explore como os símbolos do sonho podem estar relacionados a padrões sistêmicos ou transgeracionais. Pergunte: "Esse símbolo ou figura representa algo em sua história familiar ou em sua vida atual que você ainda não percebeu?"
  - O representante pode expressar que carrega uma mensagem de cura, reconciliação ou um alerta para o participante.

5. Intervenção e Reorganização

- **Movimento dos Representantes:** Após explorar o significado dos símbolos e emoções do sonho, mova os representantes para novas posições. Isso pode representar uma resolução ou uma nova compreensão do sonho.
  - Por exemplo, o símbolo que antes causava medo pode se mover para uma posição mais distante, ou o "eu" pode se aproximar de um símbolo de força ou proteção.

- **Frases de Cura:** Introduza frases de cura ou reconhecimento, como: "Eu aceito o que este sonho me mostrou e agora integro sua sabedoria em minha vida" ou "Eu reconheço o medo revelado no sonho e agora sigo com mais clareza'.

- **Integração de Soluções:** Se o sonho mostrou um bloqueio ou desafio, explore novas formas de lidar com a situação. Os representantes podem mover-se para simbolizar uma nova dinâmica ou perspectiva, permitindo ao participante ver como as mensagens do sonho podem ser usadas para superar desafios.

6. Encerramento

- **Síntese do Processo:** Pergunte ao participante como ele percebeu os símbolos e emoções do sonho durante a constelação. Explore se ele conseguiu compreender melhor o significado do sonho e como ele se relaciona com sua vida real.

- **Frases de Cura e Integração:** Ofereça frases de integração, como: "Eu aceito a mensagem que este sonho me trouxe e agora a levo para minha vida com sabedoria".

- **Próximos Passos:** Pergunte ao participante se ele identificou ações práticas que pode adotar em sua vida real para integrar as lições ou mensagens do sonho. Isso pode incluir mudanças de atitude, decisões importantes ou até uma nova abordagem emocional.

7. Reflexão Final

- **Perguntas de Reflexão:** Incentive o participante a refletir sobre o processo: "O que este sonho estava tentando lhe mostrar? Como você pode usar as mensagens deste sonho para orientar sua vida real?"

- **Preparação para Ação:** Discuta os passos práticos que o participante pode tomar para aplicar o aprendizado da constelação em sua vida diária, como prestar mais atenção aos sonhos, buscar reconciliação com partes do passado ou enfrentar desafios com mais clareza.

- **Exemplo de Frases de Cura**
- **Para Sonhos:** "Eu aceito a sabedoria do meu sonho e agora escolho trazer sua mensagem para minha vida consciente".
- **Para Emoções no Sonho:** "Eu vejo o medo que o sonho revelou e agora escolho lidar com ele de forma consciente e equilibrada.

Esse processo permite que o participante explore e entenda as mensagens simbólicas e emocionais contidas em seus sonhos. A constelação de sonhos ajuda a conectar o inconsciente com a vida consciente, oferecendo insights *valiosos e abrindo novos caminhos para o entendimento emocional e sistêmico.*

3. Constelação de Casos Difíceis

Objetivo: Trabalhar com casos onde terapias convencionais ou esforços anteriores não foram suficientes.

Exercício: Permita que os participantes tragam casos 'difíceis' ou 'estagnados' e configurem uma constelação específica para este caso. Use a constelação para explorar novas perspectivas e possíveis resoluções que não foram consideradas anteriormente.

1. Preparação

- **Identificação do Caso Difícil:** Pergunte ao participante qual é o caso ou situação específica que ele considera um desafio. Pode ser uma questão pessoal, familiar, profissional ou de saúde. Identifique as razões pelas quais o caso é considerado difícil ou estagnado, como terapias anteriores que falharam ou bloqueios persistentes.

- **Exemplos de casos:** problemas de saúde crônicos, conflitos familiares que persistem por gerações, ou dificuldades emocionais que não respondem a outras terapias.

- **Explanação do Processo:** Explique que a constelação permitirá explorar novas dimensões do problema, trazendo à luz dinâmicas ocultas ou bloqueios sistêmicos que podem não ter sido considerados nas abordagens anteriores.

- **Escolha dos Representantes:** Peça ao participante para escolher representantes que simbolizem:

  o Ele mesmo.

  o O problema ou bloqueio central que está sendo enfrentado.

  o Outros elementos sistêmicos, como pessoas envolvidas no problema, aspectos emocionais, ou até influências familiares transgeracionais que possam estar conectadas ao caso.

  o Recursos ou obstáculos que já foram usados anteriormente, como tentativas de terapia, estratégias falhas ou resistências.

2. Configuração da Constelação

- **Posicionamento Inicial:** Oriente o participante a posicionar os representantes no espaço de acordo com a maneira que ele percebe a situação e os principais elementos que envolvem o problema. O "eu" pode ser colocado em uma posição central, enquanto o "problema" e outros representantes sistêmicos ficam ao redor, representando como o caso está bloqueado ou estagnado.

  o Representantes para terapias anteriores ou esforços não bem-sucedidos também podem ser posicionados para explorar como essas abordagens impactaram o sistema do participante.

3. Exploração das Dinâmicas Complexas

- **Expressão dos Representantes:** Pergunte aos representantes como eles se sentem em suas posições. Isso pode revelar sentimentos de resistência, frustração, medo ou bloqueio. O problema pode expressar como se sente preso ou bloqueado, enquanto o "eu" central pode revelar um sentimento de impotência ou desesperança.

- Pergunte ao representante do "problema": "Como você se sente em relação às tentativas anteriores de resolução?"

- Exploração de Padrões Ocultos: Investigue se há influências familiares ou padrões transgeracionais que estejam reforçando o bloqueio. O problema pode estar relacionado a questões de pertencimento, hierarquia ou equilíbrio no sistema familiar.

- Exemplo: O problema de saúde pode estar relacionado a uma lealdade invisível a um antepassado ou a um padrão de repetição familiar.

4. Integração de Novas Perspectivas

- **Exploração de Novas Dimensões:** Pergunte se os representantes percebem algo que ainda não foi explorado ou reconhecido. Isso pode incluir influências de gerações anteriores, padrões emocionais não resolvidos ou aspectos negligenciados que precisam ser vistos para que a situação comece a se desbloquear.

- **Exemplo:** Um conflito familiar pode estar relacionado a um trauma que nunca foi reconhecido, como uma perda ou exclusão familiar.

- **Movimento dos Representantes:** Permita que os representantes se movimentem, representando novas possibilidades de resolução. Por exemplo, a solução pode incluir reconhecimento de uma figura do passado ou a liberação de um padrão familiar que mantém o bloqueio.

    o O representante do "problema" pode mudar de posição ao receber um novo recurso ou compreensão, permitindo que o "eu" se aproxime da solução de forma mais fluida.

5. Intervenção e Reorganização

- **Reconhecimento de Padrões Ocultos:** Oriente o participante a reconhecer as dinâmicas invisíveis ou os padrões que surgiram durante a constelação. Por exemplo, se o bloqueio está relacionado a uma lealdade familiar, ofereça uma frase de cura: "Eu reconheço este padrão e agora permito que ele siga seu curso para a geração que lhe pertence".

- **Integração de Novas Soluções:** Explore novas possibilidades de ação que não foram consideradas anteriormente. Isso pode incluir a introdução de novos recursos, como paciência, aceitação ou amor, que permitam o desbloqueio da situação.

- **Exemplo:** Um representante pode simbolizar um novo recurso que permita ao participante lidar com o problema de uma nova maneira, como coragem, compreensão ou apoio externo.

6. Encerramento

- **Síntese do Processo:** Pergunte ao participante o que ele percebeu de novo durante a constelação. Explore se ele conseguiu enxergar o problema sob uma nova perspectiva ou se algum aspecto antes invisível foi revelado.

- **Frases de Cura e Integração:** Use frases de cura que promovam a aceitação e a liberação do bloqueio. Exemplo: "Eu aceito o que foi revelado e agora permito que o caminho se abra para novas soluções".

- **Próximos Passos:** Discuta com o participante as possíveis ações que ele pode adotar fora da constelação para aplicar as novas perspectivas. Isso pode incluir mudanças práticas, novas abordagens terapêuticas ou uma reconciliação com partes do passado.

7. Reflexão Final

- **Perguntas de Reflexão:** Incentive o participante a refletir sobre o processo: "O que você descobriu sobre o bloqueio? Como essas novas perspectivas podem ajudar a resolver o que estava estagnado?"

- **Preparação para Ação:** Discuta os passos práticos que o participante pode tomar para trazer essas novas perspectivas para sua vida diária, como adotar novas abordagens, buscar apoio externo ou deixar de lado expectativas antigas.

    o Exemplo de Frases de Cura

- **Para Casos Difíceis:** "Eu reconheço o que está por trás deste bloqueio e permito que o fluxo da vida siga adiante, liberando o que não me pertence".

- **Para Terapias Anteriores:** "Eu aceito o que as tentativas anteriores me ensinaram, mas agora estou aberto a novas soluções".

    o Esse processo oferece uma nova perspectiva para casos complexos ou estagnados, revelando aspectos invisíveis ou sistêmicos que podem estar bloqueando o progresso. A constelação de casos difíceis ajuda a identificar soluções não exploradas anteriormente, abrindo novas possibilidades de resolução e cura.

4. Constelação de Partes Opostas

Objetivo: Abordar conflitos internos e a dualidade dentro do indivíduo.

Exercício: Peça aos participantes para identificarem duas partes opostas de si mesmos (por exemplo, desejo de sucesso versus medo de falhar). Configure uma constelação que explore essas duas partes, trazendo à tona a dinâmica interna e buscando um equilíbrio ou síntese.

1. Preparação

- **Identificação das Partes Opostas:** Peça ao participante para refletir e identificar duas partes internas que estão em conflito. Essas partes podem representar desejos, medos, impulsos ou emoções que parecem contraditórios entre si.

    o Exemplos incluem:

    o Desejo de sucesso vs Medo do fracasso.

    o Independência vs Necessidade de apoio.

    o Confiança vs Insegurança.

- **Explanação do Processo:** Explique ao participante que a constelação irá trabalhar com essas duas partes internas, trazendo à tona o conflito e buscando uma síntese ou compreensão mais profunda das necessidades de cada parte.

- **Escolha dos Representantes:** Peça ao participante para escolher representantes para:

    o Ele mesmo (representando o "eu" central).

    o As duas partes opostas que ele identificou. Cada uma dessas partes será representada por uma pessoa.

    o Elementos adicionais que podem influenciar o conflito interno, como expectativas familiares, medos sociais ou crenças limitantes.

2. Configuração da Constelação

- **Posicionamento Inicial:** Oriente o participante a posicionar os representantes das duas partes opostas no espaço, de acordo com o modo que ele sente que elas se relacionam no momento. Elas podem estar distantes ou próximas, dependendo de como o participante percebe o grau de conflito ou interação entre elas.

- O representante do "eu" deve ser colocado no meio, simbolizando o equilíbrio ou tensão entre as duas partes opostas.

- **Elementos Sistêmicos ou Emocionais:** Se houver influências externas que impactam o conflito interno (como expectativas sociais, pressão familiar, ou crenças limitantes), esses elementos também podem ser representados e posicionados.

3. Exploração das Dinâmicas Internas

- **Expressão das Partes Opostas:** Peça aos representantes das duas partes para expressarem como se sentem em relação ao "eu" central e à outra parte oposta. Eles podem descrever seus desejos, necessidades, ou medos.

- **Exemplo:** O representante do "desejo de sucesso" pode expressar a ambição e os sonhos, enquanto o "medo de falha" pode expressar insegurança ou medo de tomar riscos.

- **Observação do "Eu":** O representante do "eu" pode expressar como se sente dividido ou pressionado entre as duas partes. Isso ajuda a revelar o impacto do conflito interno na vida cotidiana do participante.

- **Pergunte ao "eu":** "Como você se sente estando entre essas duas forças?"

4. Exploração da Relação Entre as Partes

- **Interação entre as Partes:** Incentive as partes opostas a explorar como se sentem uma em relação à outra. Pergunte: "O que cada parte deseja alcançar? Como uma parte vê a outra?"

- **Exemplo:** O "desejo de sucesso" pode ver o "medo de falha" como uma barreira, enquanto o "medo de falha" pode sentir-se sobrecarregado pela pressão para ter sucesso.

- **Identificação de Padrões ou Bloqueios:** Explore se há padrões familiares ou sistêmicos que reforçam o conflito. Por exemplo, o medo de falhar pode estar enraizado em lealdades familiares ou experiências anteriores.

- **Pergunte ao participante:** "Essas partes opostas estão refletindo alguma dinâmica familiar ou social que você internalizou?"

5. Intervenção e Reorganização

- **Reconhecimento e Validação das Partes:** Oriente o participante a reconhecer o papel de cada parte e a validar suas intenções. Cada parte tem uma razão legítima para existir, e é importante que o "eu" central reconheça isso. Exemplo de frases de cura:

    o "Eu vejo seu desejo de sucesso e entendo sua importância."

    o "Eu reconheço o medo de falhar e o que ele está tentando proteger."

- **Movimento dos Representantes:** Peça aos representantes das partes opostas para se moverem e ajustarem suas posições em relação ao "eu". Isso pode simbolizar o equilíbrio ou uma nova dinâmica entre essas partes, como aproximação, distanciamento ou aceitação mútua.

- **Sintetizando as Partes:** Incentive a ideia de que as duas partes não precisam ser opostas, mas podem coexistir de forma equilibrada. O "eu" central pode expressar: "Eu permito que ambas as partes coexistam dentro de mim, com respeito e equilíbrio".

- **Exploração de um Novo Ponto de Vista:** Se necessário, posicione um novo representante para trazer uma nova perspectiva ou qualidade que o participante precisa para integrar as partes opostas, como confiança, compaixão ou paciência.

6. Encerramento

- **Síntese do Processo:** Pergunte ao participante como ele se sentiu ao observar a interação entre suas partes opostas. Explore se ele percebeu algo novo sobre suas necessidades internas ou sobre o que cada parte está tentando alcançar.

- **Frases de Cura:** Introduza frases de aceitação e integração, como: "Eu aceito tanto meu desejo de sucesso quanto meu medo de falhar. Ambos fazem parte de mim e eu os acolho com equilíbrio".

- **Próximos Passos:** Pergunte ao participante se ele identificou ações práticas ou mudanças de atitude que podem ajudá-lo a integrar essas duas partes de maneira mais harmoniosa no dia a dia.

7. Reflexão Final

- **Perguntas de Reflexão:** Incentive o participante a refletir sobre o processo: "Como essas partes opostas podem trabalhar juntas em vez de se oporem? O que você pode fazer para honrar ambas as partes sem conflito?"

- **Integração no Cotidiano:** Discuta como o participante pode usar o aprendizado da constelação para trazer mais equilíbrio entre essas partes no dia a dia, como praticar a autocompaixão ou tomar decisões com mais segurança e clareza.

Exemplo de Frases de Cura

- **Para Partes Opostas:** "Eu reconheço que ambas as partes têm valor, e eu as integro de maneira equilibrada".

- **Para o "Eu" Central:** "Eu aceito minha complexidade e permito que minhas partes opostas coexistam em harmonia".

Esse processo permite que o participante visualize e explore suas tensões internas, entendendo que suas partes opostas podem ser integradas de maneira equilibrada. A constelação de partes opostas ajuda a alinhar o "eu" central com suas diferentes dimensões internas, promovendo um entendimento mais profundo das necessidades e potenciais de cada lado do conflito.

5. Constelação com Foco Corporal

Objetivo: Integrar o corpo físico e as emoções na constelação.

Exercício: Convide os participantes a sentirem e identificarem onde em seus corpos eles experimentam tensão ou emoção ao pensar sobre um problema específico. Use essa informação para posicionar representantes de forma que espelhem essas sensações corporais, explorando as conexões emocionais e físicas.

1. Preparação

- **Escolha do Problema ou Tema:** Peça ao participante que escolha um problema ou questão específica que deseja explorar. Pode ser uma questão emocional, familiar, profissional ou de saúde.

- **Explanação do Processo:** Explique que o foco desta constelação será integrar o que o corpo físico está comunicando através de tensões, sensações ou emoções, conectando essas sensações com dinâmicas sistêmicas mais amplas.

- **Autoexploração Física:** Antes de começar a constelação, convide o participante a fechar os olhos e se concentrar em seu corpo. Oriente-o a respirar profundamente e a identificar áreas onde sente tensão, dor ou qualquer emoção ao pensar no problema.

- **Pergunte:** "Quando você pensa nesse problema, onde em seu corpo você sente mais impacto?"

2. Escolha e Posicionamento dos Representantes

- Seleção dos Representantes: Peça ao participante para escolher representantes que simbolizem:

    o Ele mesmo.

    o O problema ou emoção que está sendo sentindo.

    o Partes do corpo onde as sensações estão sendo experimentadas (se houver uma conexão clara com partes específicas, como o peito, costas ou cabeça).

    o Elementos sistêmicos que podem estar influenciando a tensão física e emocional (como relações familiares, traumas antigos ou bloqueios emocionais).

- **Posicionamento Inicial:** Oriente o participante a posicionar os representantes no espaço de acordo com as sensações que ele identificou em seu corpo. O representante do "problema" pode ser colocado próximo ou distante do "eu" (o participante), dependendo de como ele percebe a intensidade do problema no corpo.

    o O representante que simboliza uma parte do corpo pode ser colocado próximo à posição de "eu", representando onde a tensão é mais forte.

3. Exploração das Sensações Corporais

- **Expressão das Sensações Físicas:** Pergunte aos representantes como eles estão se sentindo em suas posições. Isso pode incluir a percepção de calor, pressão, tensão, desconforto ou até alívio em determinadas partes do corpo.

- **Pergunte ao representante da parte do corpo onde a tensão é sentida:** "Como você se sente nessa posição? O que essa tensão está comunicando?"

- **Exploração do Problema:** O representante do "problema" também pode expressar como ele afeta o corpo ou as emoções. Isso ajuda a criar uma conexão entre a sensação física e a causa emocional ou sistêmica.

- **Exemplo:** O representante pode dizer que sente uma pressão nas costas ou no peito, revelando onde o problema é manifestado fisicamente.

4. Integração das Emoções e do Corpo

- **Dinâmica entre Corpo e Emoções:** Explore como os representantes das emoções e do corpo se relacionam entre si. Eles podem sentir que estão carregando um peso ou tensão que precisa ser reconhecido ou liberado.

- **Pergunte:** "Há algo que precisa ser expressado ou liberado para que essa tensão seja aliviada?"**Reconhecimento de Padrões Sistêmicos:** Investigue se há alguma dinâmica familiar ou sistêmica que esteja influenciando as sensações físicas. Por exemplo, o participante pode estar carregando um peso emocional de gerações anteriores, que se manifesta como tensão no corpo.

- **O representante de uma parte do corpo pode expressar algo como:** "Estou carregando um peso que não é meu".

5. Intervenção e Reorganização

- **Posicionar Representantes para Alívio Físico:** Depois de explorar a tensão física e suas causas emocionais, mova os representantes para novas posições que simbolizem alívio ou reconciliação. Isso pode incluir a liberação de emoções reprimidas ou a aceitação de uma verdade emocional.

- **Exemplo:** O representante da parte do corpo pode mover-se para uma posição de descanso ou alívio, simbolizando a diminuição da tensão.

- **Frases de Cura:** Introduza frases de cura ou reconhecimento, como: "Eu vejo a tensão que carrego no meu corpo e agora a deixo ir" ou "Eu aceito o que esta tensão me ensinou, e agora me liberto dela".

- **Movimentos Simbólicos:** Incentive movimentos físicos leves para simbolizar a liberação de tensão. Isso pode incluir o participante ou representantes fazendo movimentos suaves que ajudam a aliviar a pressão ou a tensão física.

- **Exemplo:** Se a tensão foi sentida nas costas, o representante pode fazer um movimento de "soltar" ou "descarregar" algo, simbolizando alívio.

6. Encerramento

- **Síntese do Processo:** Pergunte ao participante como ele percebeu as tensões em seu corpo ao longo da constelação. Explore se ele notou alguma conexão entre as sensações físicas e as dinâmicas emocionais ou familiares.

- **Frases de Integração:** Use frases de integração para encerrar a constelação. Por exemplo: "Eu aceito o que meu corpo está me mostrando e agora escolho liberar o que não me pertence.".

- **Próximos Passos:** Pergunte ao participante se ele percebeu algo que pode ser mudado em sua vida prática para aliviar as tensões corporais, como atitudes, mudanças no estilo de vida ou ajustes emocionais.

7. Reflexão Final

- **Perguntas de Reflexão:** Pergunte ao participante como ele se sentiu ao explorar as sensações físicas durante a constelação. Pergunte: "Como seu corpo respondeu ao que foi revelado na constelação? Você percebe algum alívio ou mudança nas tensões?"

- **Preparação para o Futuro:** Discuta como o participante pode integrar o aprendizado da constelação em sua vida cotidiana, focando práticas que conectem o corpo e as emoções, como respiração consciente, meditação ou exercícios físicos leves.

Exemplo de Frases de Cura

- **Para o Corpo:** "Eu liberto o que meu corpo carrega por outras gerações e escolho seguir com leveza".

- **Para Emoções:** "Eu aceito as emoções que estão presas no meu corpo e permito que elas sigam seu curso".

Esse processo permite ao participante entender como o corpo físico e as emoções estão profundamente conectados e como tensões e dores podem estar relacionadas a questões emocionais e sistêmicas. A constelação com foco corporal oferece uma abordagem holística, proporcionando alívio físico e clareza emocional ao mesmo tempo.

6. Constelação de Relacionamentos

Objetivo: Melhorar a compreensão e a dinâmica em relacionamentos interpessoais.

Exercício: Peça aos participantes para configurarem constelações que representem seus relacionamentos atuais ou passados. Explore como as dinâmicas sistêmicas afetam esses relacionamentos e busque caminhos para a cura ou reconciliação.

1. Preparação

- **Escolha do Relacionamento a Ser Trabalhado:** Pergunte ao participante qual relacionamento ele deseja explorar. Pode ser um relacionamento atual (com cônjuge, familiar ou amigo) ou um relacionamento passado que ainda tem influência emocional.

- **Explanação do Processo:** Explique ao participante e ao grupo que o objetivo é observar como as dinâmicas sistêmicas e emocionais afetam esse relacionamento, trazendo à tona padrões e possíveis bloqueios.

- **Escolha dos Representantes:** Peça ao participante para selecionar representantes para:

  o Ele mesmo.

  o A(s) pessoa(s) envolvida(s) no relacionamento (por exemplo, cônjuge, ex-parceiro, pai, mãe, etc.).

  o Elementos sistêmicos ou emocionais que possam estar

influenciando o relacionamento (como medo, culpa, raiva, amor, ou lealdade familiar).

- Ancorações familiares ou figuras do passado que ainda impactam esse relacionamento, como pais, avós ou traumas transgeracionais.

2. Configuração da Constelação

- **Posicionamento Inicial:** Oriente o participante a posicionar os representantes no espaço. Ele deve colocar os representantes de si mesmo e da outra pessoa de acordo com sua percepção sobre a proximidade ou distância emocional, física e relacional.

- Os representantes das emoções ou figuras familiares podem ser colocados em posições que simbolizem como influenciam o relacionamento.

- A distância, orientação e postura dos representantes podem mostrar a profundidade ou os conflitos presentes no relacionamento.

3. Exploração das Dinâmicas

- **Observação dos Representantes:** Incentive os representantes a expressar o que estão sentindo em suas posições. Isso pode revelar sentimentos ocultos, padrões de comportamento ou emoções que não estavam visíveis para o participante.

- Explore as dinâmicas de poder, controle, submissão, amor ou rejeição que possam surgir entre os representantes.

- Pergunte como os representantes percebem suas posições em relação uns aos outros, revelando tensões ou vínculos ocultos.

- **Exploração de Padrões Familiares:** Traga à tona possíveis lealdades familiares ou padrões transgeracionais. Por exemplo, o participante pode estar repetindo padrões de relacionamento que viu entre seus pais ou avós.

- o Veja se figuras familiares colocadas na constelação (como pais ou avós) influenciam as dinâmicas atuais do relacionamento.

- **Sentimentos e Emoções Relevantes:** Pergunte aos representantes de sentimentos como raiva, culpa ou amor para expressarem como influenciam o relacionamento. Explore se essas emoções estão bloqueando a comunicação ou criando uma conexão saudável.

4. Intervenção e Reorganização

- Reconhecendo os Padrões Ocultos: Quando padrões de comportamento prejudiciais ou dinâmicas familiares são revelados, reconheça-os verbalmente.

  - o Peça ao participante para expressar frases de cura ou reconhecimento, como: "Eu vejo o que este padrão fez por mim e agora escolho seguir em frente" ou "Eu aceito o lugar dos meus pais no meu sistema e permito que meu relacionamento atual siga de forma livre".

- Movimento dos Representantes: Permita que os representantes mudem de posição. Isso pode incluir:

  - o Aproximação entre representantes que estavam distantes, simbolizando reconciliação.

  - o Distanciamento, caso seja necessário criar espaço emocional ou respeitar limites.

  - o Movimentos que simbolizem a aceitação ou liberação de vínculos do passado que ainda influenciam o relacionamento atual.

- Intervenções Emocionais: Se as emoções estiverem bloqueando o relacionamento, ajude o participante a trabalhar com elas. O representante pode simbolicamente entregar ou liberar essas emoções, permitindo que o relacionamento siga com mais leveza e clareza.

5. Encerramento

- **Síntese do Processo:** Pergunte ao participante como ele percebeu as dinâmicas e o que aprendeu com a constelação. Explore se ele conseguiu ver o relacionamento de uma forma mais clara e livre de bloqueios do passado.

- **Frases de Cura e Integração:** Ofereça frases de cura que promovam a reconciliação e aceitação das emoções envolvidas. Por exemplo: "Eu aceito o que você me deu e agora seguimos livres para construir algo novo" ou "Eu deixo no passado o que pertence ao passado e sigo em frente com amor e respeito".

- **Próximos Passos:** Pergunte ao participante quais ações ele pode tomar fora da constelação para promover a cura ou melhorar o relacionamento. Isso pode incluir conversas, novos limites ou mudanças de atitude.

6. Reflexão Final

- **Perguntas de Reflexão:** Incentive o participante a refletir sobre como a constelação trouxe *insights* sobre seus padrões de relacionamento. Pergunte: "O que foi revelado sobre a dinâmica entre você e a outra pessoa? Como isso influencia sua maneira de lidar com esse relacionamento?"

- **Preparação para Ação:** Discuta quais passos práticos o participante pode adotar para melhorar o relacionamento, seja na forma de comunicação, definição de limites, ou busca por reconciliação emocional.

    o Exemplo de Frases de Cura

- **Para Relações Românticas:** "Eu reconheço o que vivemos juntos, e agora eu escolho um novo caminho, com respeito e liberdade".

- **Para Relações Familiares:** "Eu aceito o lugar que você tem no meu sistema familiar e agora eu sigo meu próprio caminho, com amor e respeito".

Essa abordagem ajuda o participante a obter uma compreensão mais profunda das dinâmicas e emoções que estão em jogo nos seus relacionamentos. Ao trazer à tona padrões ocultos e lealdades invisíveis, a constelação oferece caminhos para cura, reconciliação e uma maior harmonia nas interações interpessoais.

7. Constelação Futura

Objetivo: Explorar possíveis futuros e preparar o participante para mudanças ou decisões importantes.

Exercício: Conduza uma constelação que represente diferentes futuros potenciais para o participante, cada um representado por um caminho diferente ou escolha na vida. Explore os impactos emocionais e sistêmicos de cada potencial futuro.

Passo a Passo para Constelar no Formato Workshop - Constelação Futura

1. Preparação

- **Escolha do Tema:** Pergunte ao participante qual decisão ou situação futura ele está buscando explorar. O tema pode variar desde questões pessoais, como uma mudança de carreira ou relacionamento, até decisões familiares ou profissionais.

- **Explanação do Processo:** Explique ao participante e ao grupo que o objetivo é explorar futuros potenciais, simbolizando escolhas importantes e ver como cada futuro impacta o sistema emocional e familiar do participante.

- **Escolha dos Representantes:** Peça ao participante para escolher representantes para simbolizar:

O presente (ele mesmo no momento atual).

- Os futuros potenciais, representados por diferentes escolhas ou caminhos (por exemplo, uma escolha profissional ou um relacionamento).

- Elementos adicionais como emoções ou recursos que o participante precisará acessar ao longo de cada caminho (por exemplo: coragem, medo, segurança, ou apoio familiar).

2. Configuração da Constelação

- **Posicionamento Inicial:** Oriente o participante a posicionar os representantes no espaço, começando por colocar "ele mesmo" no presente e os diferentes "futuros" em diversas direções ou distâncias. Cada futuro deve estar em uma posição relativa ao presente, representando a percepção que o participante tem de quão longe ou próximo ele se sente em relação a essas escolhas.

- **Incluir Recursos ou Obstáculos:** Adicione elementos simbólicos que representam os recursos ou obstáculos que o participante pode encontrar em cada caminho. Esses elementos podem ser representados por pessoas ou símbolos no campo da constelação.

3. Exploração dos Futuros

- **Movimento e Exploração de Sentimentos:** Incentive os representantes a expressar suas sensações e sentimentos conforme ocupam suas posições. O futuro pode "falar" sobre como se sente em relação ao participante, e o participante pode perguntar aos diferentes futuros como será o impacto emocional e sistêmico de cada escolha.

- **Exploração dos Recursos:** Peça ao representante de cada recurso ou emoção (como coragem, medo, apoio) que se mova em direção ao futuro que representa, explorando o quanto cada caminho é sustentado ou desafiado por essas emoções ou recursos.

- **Impacto Sistêmico:** Pergunte ao participante e aos representantes o que eles percebem sobre como cada futuro afeta não apenas o participante, mas também seus familiares ou sistema social. Isso ajudará a revelar lealdades ocultas, medos ou emaranhamentos que podem influenciar a escolha.

4. Intervenção e Reorganização

- **Posicionar os Futuros em Relação ao Presente:** Após explorar como cada caminho se apresenta emocionalmente, mova os representantes de cada futuro para posições novas ou ajustadas. Isso permite ao participante sentir quais decisões parecem mais leves, harmônicas ou desafiadoras.

- **Reorganização de Recursos:** Ajuste a proximidade e a interação dos recursos com os diferentes futuros. Explore com o participante o que precisa ser feito para que ele se sinta mais seguro ou confiante em seguir o futuro desejado.

- **Frases de Cura:** Introduza frases de cura ou reconhecimento, como "Eu vejo o futuro que me trará mais harmonia e aceitação" ou "Eu aceito as escolhas que trarão crescimento para mim e a minha família".

5. Encerramento

- **Escolha Consciente:** Depois de explorar os impactos emocionais e sistêmicos de cada futuro, peça ao participante para decidir qual caminho parece mais alinhado com seus desejos, valores e sistema familiar.

- **Reconhecimento dos Outros Futuros:** Agradeça aos futuros potenciais que não foram escolhidos, reconhecendo que cada um tem seu papel no processo de crescimento, mas que o caminho mais harmonioso foi identificado.

- **Síntese:** Discuta os aprendizados com o participante, identificando o que ele pode levar da experiência para sua vida prática, ajudando-o a lidar com a decisão de forma mais consciente e equilibrada.

6. Reflexão Final

- **Perguntas de Reflexão:** Pergunte ao participante como ele se sentiu ao explorar esses futuros, o que ele descobriu sobre si mesmo e quais mudanças ele percebe na forma como lida com suas decisões.

- **Preparação para o Futuro:** Discuta quais os próximos passos que o participante pode adotar para se preparar para o futuro escolhido, envolvendo ações práticas e alinhamento emocional.

Esse processo permite que o participante tenha uma visão clara e emocionalmente ancorada de diferentes futuros possíveis, ajudando-o a tomar decisões mais conscientes e alinhadas com sua realidade emocional e sistêmica.

Estes exercícios avançados podem ser ajustados e personalizados de acordo com as necessidades específicas dos participantes do *workshop*, permitindo uma exploração profunda e multifacetada de questões complexas através da constelação *workshop*.

Agradecimentos

Em primeiro lugar, agradeço a Deus, que guia e ilumina cada passo do meu caminho, tornando possível esta linda obra. Ao meu marido, Marco Meda, companheiro de vida e de jornada, cujo apoio incondicional é uma constante fonte de força e inspiração. Às minhas quatro filhas, Celeste, Isabella, Beatriz e Melinda, que são o meu maior tesouro e motivação diária.

Agradeço também à minha mãe, Nina, que sempre vibra com cada uma das minhas conquistas, e cuja presença amorosa me impulsiona a continuar crescendo. Um agradecimento especial à Editora Leader e à querida Andréia Roma, que sempre abraça os meus sonhos com carinho e profissionalismo, tornando realidade os projetos mais significativos.

Por fim, um sincero agradecimento aos meus queridos alunos e leitores da coleção "Raízes", cuja confiança e dedicação me inspiram a seguir em frente, compartilhando o conhecimento e a evolução. Esta obra é dedicada a todos vocês.

Com carinho!

Josi Meda

Anotações

Anotações

Anotações

Anotações

Anotações

Anotações

Anotações

Anotações

Anotações

Anotações

EDITORA LEADER